誰にも振り回されない輝く女性になれる20の生き方

Not swayed by anyone way of life

奥澤友紀　錦織美咲　田口久美子　林ゆうこ　奥井麻結　山代佳子
平野裕子　繁田真心　小島るみ子　松田亜矢香　安倍美緒　胡蝶かおり
中村まき　丸山真理　三木亜紀　安井フローレンス愛歌
Yuring　重利純子　浅川啓子　塚田真帆

Rashisa

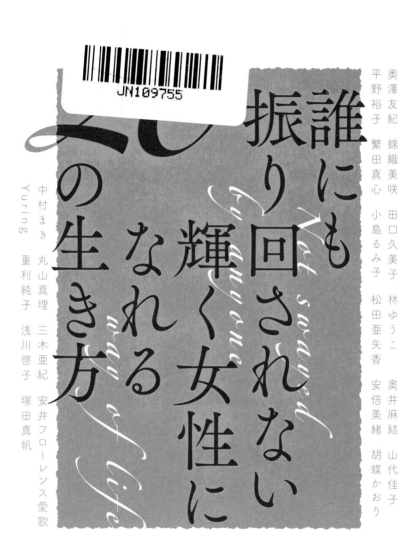

誰にも振り回されない
輝く女性になれる20の生き方

はじめに

たくさんある書籍の中から本書をお読みくださりありがとうございます。

本書を手に取られているということは、もしかしたら今、ご自身の生き方に不安や葛藤を感じておられたり、何かやりたいことやチャレンジしたいことがあるものの、お金・時間・環境などの理由でなかなか一歩踏み出せていなかったりするかもしれません。

人生には就職・キャリアアップ・転職・起業・結婚・離婚・妊娠・子育て・病気・介護など様々なライフイベントやターニングポイントが存在します。これらの中でご自身に突然訪れる予想できないことは病気・介護ですが、それ以外のことは全て自分の意志で決めることができるのです。ただ、そうは言っても簡単なことではありません。人生を生きていると、たくさんの人との関わり合いで人生は進んでいきます。

その中で周りと比較してしまって、ついつい「自分には何もない」と自己否定してしまうことだってあると思いますし、周りの目を気にしすぎて新しいチャレンジができないことだってあると思います。他にも自分の時間・労力・健康・感情を犠牲にして自分以外の誰かに時間を使い過ぎることで「自分の人生」ではなく、「自分以外の誰かの人生」を無意識に歩んでいることだってあります。

当然、これらが悪いわけではありません。なぜなら、人生の生き方に正解はないからです。ただ一つ言えることは、心の底から胸を張って「今、とても幸せです」と笑顔で言えるかどうかは後悔しない人生を歩むための一つの指標と言えます。

心の底から胸を張って「今、とても幸せです」と言える女性は輝いています。一緒にお話しているだけで不思議と勇気やパワーをもらえることだってあります。「私もこんな女性になりたいな」と憧れることもあるかもしれません。

そんな輝く女性には「ある共通点」があります。それは誰にも振り回されずに自分の人生を自分で決めて自分の足で歩いているということです。

本書ではこれからの時代に欠かせない枠に囚われない生き方をされている女性起業家を全国から20名選考させていただきました。20名の女性起業家の生き方・働き方・考え方・人生ストーリーを知ることで誰にも振り回されない生き方とは、どんな生き方なのかが見えてくると思います。また、職業・地域・年齢・家庭環境も十人十色なので、人生の選択肢や価値観も広がると思います。

本書の読み進め方は一番始めから読み進めていただいても大丈夫ですし、目次を見て気になる女性起業家の方から読み進めていただいても構いません。一日一人ずつ読み進めると読みやすいと思います。

ただし、本書を読む上で絶対にして欲しくないことが一つだけあります。それは本書を読み終えた後「何も行動しない」ことです。貴重なお金と時間を使って本書をお読みいただいているので、本書を通して少しでも人生が良い方向に向かうことを何よりも願っております。だから、本書を読み終えた瞬間に何か小さなアクションでもいいので、いつもの自分なら絶対にしないことをしていただきたいのです。勇気をもらえた著者数名に感想をDMしてみることも一つのアクションです。そういったいつもと違う小さなアクションの積み重ねが人生を変えるキッカケになることもあります。

ぜひ、本書を通じて誰にも囚われない輝く女性になる一歩を踏み出せることを願っております。

では、新しいあなたと出会うための一歩を踏み出してみてください。

Rashisa出版編集部

海外旅行で訪れたシーフードレストランをきっかけに、エビとカニに特化した飲食店を5店舗展開！

エビカニ魚卵専門飲食店経営
株式会社v.v.company
代表取締役
奥澤友紀

シングルマザーで子育てと仕事を両立させながら、美容整体業で7坪の隠れ家サロンから多店舗経営へ

美容整体サロン経営
株式会社Gold Spoon
代表取締役
平野裕子

「本来の自分」を解放した途端、
恋愛やお金すべてが
手に入ったからこそ伝えたい
誰もが持つ魔法の力

コンサルタント・物品販売事業・
パティスリー経営（今冬オープン予定）
株式会社ミユ・株式会社minmi
代表取締役
錦織美咲

魂を目覚めさせる「スピリチュアルコンサルタント」 052
28歳、最悪の誕生日が人生を変えた 054
自分の人生を歩めば、未来は自然に開けてくる 059
魔法使いの能力は「自分を信じる力」 062

資金も人脈もない
ネガティブで消極的だった私が
プライベートジムを6店舗まで
展開できたキッカケ

パーソナル
トレーニングジム経営
株式会社Rinasce
代表取締役
繁田真心

劣等感の塊だった学生時代 069
何をやっても続かない、転職ばかりの人生 070
きっかけさえあれば、誰でも起業できる！ 073
自分の人生の責任を取れるのは自分だけ 076

本が友達だった内気の少女が人生のドン底を経験し、エステサロンを19年経営するまでになった挑戦ストーリー

エステサロン経営
株式会社ＭＩＫクレエ 代表取締役
田口久美子

本が友達の内気な少女が起業家へ 084
起業のヒントはお肌の悩みから 086
人生のどん底から再出発――揺るがない想い―― 091
どんな状況でも、何歳でも挑戦はできる！ 095

創業90年になる老舗パン屋の3代目だからこそ乗り越えてきた数々の試練と葛藤

スイーツ店経営
株式会社らマルキ 代表取締役
小島るみ子

創業90年！ 老舗のパン屋に生まれた宿命 103
母と私――早過ぎる別れで学んだこと―― 108
死を乗り越え、さらなる試練の始まり 111
商売の神様は笑う人に寄ってくる 116

インスタフォロワーを4・5万人まで伸ばし、子育てしながら自分らしい働き方を手に入れた起業ライフ

SNSマーケティング事業 KONOHANA 代表 中村まき

「ゴールは幸せ」と決めて、後悔しない人生を楽しむヒント

ジュエリーデザイナー Yコミュニティ 代表 Yuring

安定の年収1000万円を手放した結果、約2万人のフォロワーを持つ「幸せ講演家」に。

幸せ講演家
ライフスタイルアドバイザー
丸山真理

周りに左右されずに自分らしさを表現する「ドラマティックな生き方」

筆跡診断士
J子の座談会 代表
重利純子

虐待・イジメ・海外でのリストラに極貧生活…それでも自分を信じ続けていれば、明けない夜は絶対にない。

海外進出サポートコンサルティング Heart Meets World 代表
安井フローレンス愛歌

アメリカ永住権を捨て、日本へ舞い戻った理由 296
理不尽なリストラの後に訪れた、人生の逆転劇 300
諦めなければ、想いは必ず伝わる 304
自分を信じていれば、道は開ける 308

人生のターニングポイントで訪れるチャンスの神様を絶対に逃さない考え方と生き方

薬膳料理教室及びサプリメント・漢方販売事業 薬仙まほ先生
塚田真帆

何事にも120%！ 負けず嫌いは生まれつき 315
チャンスの神様を逃さない 321
挫折という経験が教えてくれた医療の本質 323
自分に素直になれば、人生が楽しくなる 327

海外旅行で訪れたシーフードレストランをきっかけに、エビとカニに特化した飲食店を5店舗展開！

エビカニ魚卵専門飲食店経営
株式会社v.v.company 代表取締役
奥澤友紀

1981年東京都出身。大学卒業後、大手メーカーに3年間勤務するも飲食への想いが募りグローバルダイニングへ入社。サービスマネージャー等の経験を経て30歳で独立。2012年中目黒にエビ・カニに特化した「Crab House Eni」をオープン。東京都内に5店舗を展開し、飲食店向けコンサルティング会社も経営。「セブンルール」など多数メディアに出演。

実力主義の業界で独立を目指す

昭和の頑固親父、という表現がぴったりの父親がいる厳格な家で育ち、昔から厳しい両親をはじめ、周りの期待に応えたいと思って過ごしていました。

飲食関係ではないですが、父方の祖父、母方の祖父、父、兄が自営という家系であり、自営が当たり前の環境に身を置いていたことが起業するという選択に大きく影響しています。

小さな頃からわりと要領よく生きられるほうだった私が、初めての挫折を味わったのは、大学2年生のとき。幼稚園から大学までやっていた剣道で一つ下の後輩に完膚なきまでにされたのです。

昔から一番じゃなきゃ意味がないという思いが強く、非常にショックな出来事でした。今もなお、勝負事には負けられないという気持ちを持っており、それが私の原動力になっていると感じます。

私は2つの大学に通っていました。というのも、東京理科大学に入学しましたが、4年生になる年に千葉大学を受験し、改めて入学したからです。

現役受験の際、医者になって欲しいという両親の希望があり、医学部に合格するほど勉強ができたわけではない自覚がありながらも、両親の期待に応えるため、医者をめざして勉強していました。

もちろん、そんな中途半端な勉強では合格できなかったので、理系の東京理科大に通うことにしました。それでもまだ医学部を諦めていなかった両親から、「もう1回受験してみたら」と提案があり、本当に自分が医者になりたいのか、今通っている建築学科は楽しいけれど、それも本当にやりたいことではないのではないかなど考え、大学に行きながら一年間勉強をしました。

結果的に私立の医学部と千葉大学の教育学部、どちらに行くかを選ぶときに、私立大学の非常に高い学費を両親に払ってもらい、これから6年間勉強をして、資格を取ってまで本当に医者になりたいのかなと胸をよぎりました。

葛藤の末、教員や学校の建築にも興味があったこと、国立であることが決め手となって、千葉大学に進んだのです。

2つの大学に行っていたため、単位を早めに取得しており、時間に余裕があったので、グローバルダイニングの運営するモンスーンカフェでのアルバイトに熱中しました。

父親には、「水商売だから、行くところではあるけれど働く場所ではない」と猛反対を受けましたが、やりがい、楽しさから言うことを聞かずにアルバイトにのめり込んでいきました。ほかのアルバイトと比べて時給もよく、売上を達成したらアルバイトでもプラスのボーナスが出るという実力主義に、この4年間でどっぷり浸かることとなります。

さらに、アルバイトで貯めたお金で海外旅行にたくさん行き、現在の「Ｅｎ・ｉグループ」につながるお店との出会いを果たしました。それは、21～22歳の頃に多く訪れていたカリフォルニアのサンタモニカやサンフランシスコなどにある、ビーチサンダルに短パンTシャツで気軽に入れるシーフードレストラン。日本にはこのような業態のお店がないなとふと思ったのです。

日本でエビやカニを食べるとなると、カニ鍋やカニしゃぶ、寿司のような高級店ばかりでエビやカニをメインで食べられるお店がない、おしゃれでカジュアルで気軽に行けるお店がないと漠然と思いました。

それから何年か後かにカリフォルニアに行く機会があり、今度はカジュアルではないフォーマルなシーフードレストランも視察してみて、やはり日本にはこういうお店はないから独立するときはコレだと思ったのです。

そして大学を卒業し、そのまま飲食業界に入ろうと考えましたが、「一度、飲食業界以外も見てみなさい」という親のアドバイスもあり、大手メーカーに就職しました。

しかし、営業の仕事をして3年が経つ頃には、自分の中で不完全燃焼だという思いが強くなっていったのです。年功序列で給料形態も決まっており、上司への返答は基本「YES」の良くも悪くも安定していた会社だったため、違和感を持ち日々を過ごしていました。

実力主義がいい、やったらやった分だけ評価してもらえることが自分は好きなのだと改めて実感していた折に、学生時代にアルバイトしていた飲食の会社、グローバルダイニングから声をかけていただきました。

転職について親に話をしたところ、大手を振って賛成ではないものの、「学生時代からずっと飲食業界に行きたいと話していたし、これ以上反対はできないからやるだけやってみればいい」と言ってもらいました。

そうして飲食業界に入り、その時点で30歳までに独立をしようと決めて働き始めました。以前からゆくゆく飲食業界で独立したいと思っていたので、いつまでにどうするかを決める中で漠然と30歳を目標にしたのです。

ここからは独立を念頭に置いて、さまざまな経験を積んでいくこととなります。転職先であるグローバルダイニングには、会社のサービスをよくするための部署の統括マネージャーとして迎え入れてもらい、そこで人の教育やサービスについて改めて考える機会をいただきました。

その後は独立に向けて、一店舗を徹底して見みることが重要だと思ったため、会社の運営する店舗の中でいちばんの高級店であるタブローズのマネージャーに就任。数字管理や仕組みなどをもう一度改めて勉強しました。

それから、グローバルダイニングに誘ってくださった方が独立することになり、店舗の立ち上げを学ぶ意味合いでそのお店に参画しました。

大きい会社だと担当業務が細分化されるため、個人店でないと経験できない業務をゼロベースで半年間学ばせてもらえたのです。新規でどのように仕入れ業者と取引をするのか、給料の支払い方、バイトを雇う時に必要な資料、小口の清算の仕方など。お店を立ち上げる上で実際になにが必要で、どういう仕組みになっているのかを学ばせていただき、独立できたことは本当に感謝しかありません。すべてのことが縁で繋がっており、周りの人に恵まれていると実感しています。

生き残り戦略と大切な仲間

そして、2012年に独立。タブローズで働いていた当時の二番手のシェフと、部下だったサービス側の女性、モンスーンカフェのアルバイト時代の同僚と私の四人で、『Crab House Eni　中目黒店』を立ち上げました。

会社で働くことには、良い部分と悪い部分があり、会社で決められたできることの限界に私自身もどかしさ感じていました。

自分の友達がお店に来てくれたときにアイスクリーム1個さえもサービスができない、誕生日のお祝いで来ているお客様だとわかっているけれどなにもしてあげられないなど。自分の中では、もうちょっとこういうサービスを提供したいなと思う気持ちが膨らみ、自分が思うサービスができるお店をやりたいという話をしていたところ、そこにみんなが賛同してくれてついてきてくれたのです。

やりたいことを実現できるお店を作りたい、そして仲間や家族が集まれる場所を作りたい、この2つの思いが独立の道へと私を突き動かしました。

いざ独立しようとなったときにとても考えたのは、飲食業界で生き残っていくためには、やはりエッジを立てなくてはいけない、特色を出さなくてはいけないという点についてです。

もちろん料理長の作る料理はすごく好きなのですが、そのほかにもおいしい料理を作る人や名前が売れている料理人にはたくさんいます。私よりも、もっとサービスができる、もっと豊富な知識がある人もたくさんいる中で、どうしたらいいのかを検討したのです。そして学生時代の海外旅行を経て前々から考えていた、エビとカニに特化したお店を開くことに決めました。

私は昔からなんでもやりたがり屋なので、人生を通してやりたいことをやってきたと言えます。仲間や友達もすごく好きだったので、そこから広がって繋がり、今があります。飲食も、自分がいてお客様がいて、スタッフがいて成り立っているもの。基本的に自分一人ではなにもできないと考えているので、常に仲間を大切にすることや裏切らずに誠実に人と向き合うことをずっと実践してきました。

そのように過ごしてきたからか、オープンして大変なときも誰かが必ず助けてくれたり、昔一緒に働いていた人や、大学の時のアルバイト仲間などがうちにスタッフとして就職してくれたり。自分が仲間や友達を大切にしてきた分、大切にしてもらえるというのを独立して特に感じるようになったので、これからも人を大切にしていきたいと思っています。

おかげさまで現在都内にて5店舗を展開していますが、多店舗展開の成功のきっかけは父親のひと言にあります。

振り返ると、独立当時は目標に向かって進んでいくことよりも、見栄やプライドが先行していたのだと思います。飲食業界で働くことを反対していた両親を認めさせたいと事業拡大に躍起になったり、私と同時期にグローバルダイニングから独立した元同僚が2店舗目、3店舗目を出したと聞いて負けたくないと思ったり。〝親の期待に応えてもっと店舗数を増やさなくてはならない〟、〝周りに負けたくない〟という思いから、1号店を出して1年も経たないうちに慌てて2店舗目『魚卵 House Eni　飯田橋店』を開けたのが正直なところなのです。

40代で独立した父親の姿を子供ながらに経営者としてかっこいいなと思い、自分が社会に出てからはさらに人を束ねることのすごさを実感しました。

ただ、父親にその気持ちを正直には伝えられず、どうにか認めてもらいたいという考えが当時は先にきていました。また、母親は結婚のことや女の子なのにという気持ちが強くあるようで複雑な様子でしたが、自分としては仕事で結果を出して誇れる娘になりたいと思っていたのです。

そんな中、2号店のオープンパーティーを行い、弟が両親と祖母を連れてきました。ありがたいことに300人もの人々がお祝いに来てくれていて、建物から人があふれている光景を目にした父親が、「いい仲間に恵まれて、独立して今こうやって仕事をできているなんて幸せなことだ。だから心から応援するよ」と言ってくれました。

父親は日頃から「自分より仲間を大切にしなさい」と言っている人でした。オープンパーティーでかけられたこの言葉でようやく認められたと感じることができ、そこから見栄を張らず、現実を見られるようになりました。

前述の通り、2号店のオープンは勢いで突き進んでしまった部分がありました。1号店の本店のようにしっかり準備をして満を持して開けたというよりは、やはりまだまだ実力が足りておらず、力が分散してしまっていたのです。人が安定しないなど苦労した部分があり、お店を大きくすることだけを目指すのではなく、きちんと経営として成り立たせること、スタッフが楽しく働ける環境を整えること、自分自身も楽しく働くことなどにフォーカスするようになりました。結局のところ、父親のひと言を受けて考え方が変わり、多店舗展開がうまくいくきっかけとなったのです。

２０１３年に2店舗目を開店した後はしっかりと準備をし、２０１６年に3店舗目『和えに　中目黒店』をオープン。若い頃ずっと割烹で和食を修行してきたシェフのため、いつかは和食店を出したいと話していました。ですが、和食の人材を育てるのは非常に大変なのですぐには難しく、育成期間をきちんと取り、人材を育ててからオープンに至りました。

そして翌年、４店舗目『Pasta House Eni』を五反田に開店しました。パスタハウスという今までにない業態を選んだきっかけは自然災害にあります。

タブローズのマネージャー時代に東日本大震災が起こり、本当にほぼ毎日お客様がご来店されない日々を経験しました。タブローズは客単価1～2万円の高級レストランで、震災が落ち着いた後でもお客様が戻ってくるまでに時間がかかり、有事ときの高級店の経営は難しいものなのだと肌で感じました。

そして記憶が薄れはじめた２０１６年。熊本地震があり、先輩や知り合いの飲食店が軒並み閉店してしまったと聞きました。しかし、その中でもラーメン屋やファミリーレストランなどは早めに客足が戻ってくる傾向があり、そういった経験から、この先に自然災害が起こった場合を考慮し、従業員の雇用を守るためにも、客単価６０００円程度の既存店舗よりもさらに気軽に利用できる業態も必要なのではないかとパスタハウスを選択しました。またそれだけでなく、ゆくゆく社内で独立したいという社員が出てきたら暖簾分けができるようにと考え、そのパッケージに最適なパスタハウスという軽めの業態を作ったのです。

苦境は次のステップへの準備期間

今まででいちばんの苦境は、1号店のオープン後に客足が途絶えた時期です。オープン後1カ月くらいは先輩や友達など知り合いが来てくれて賑わっていましたが、オープン景気が終わった後は、立地もいい場所ではなかったのでお客様がポツポツしかいらっしゃらなくなりました。

そんな中で、さらに追い打ちをかけた出来事は人間関係がギクシャクしたことです。もともと気の知れたスタッフで始めたのですが、やはり朝から晩まで同じメンバーで働き、売上もなくて…となると、細かいことでもぶつかったりする期間が1、2カ月ぐらい続きました。

みんな飲食の経験があり自信もあったけれど、お客様がいらっしゃらないという現実を前にしてなにをしたらいいのかわからず、いろいろな不安も抱えており、ネガティブな発言しか出てきません。会社にいた頃のように思っていることを言い合えていた環境ではなくなっていました。

会社時代は会社や上司の愚痴を言い合うなんていうこともあったけれど、全員が同じ空間にいて全員が自分事になった。だからこそ、言い過ぎていけないという自制心やそこは言ってはいけないラインだというブレーキが自然とかかっていたのです。そのため、本音が引き出せない。そんな悪循環でした。

お客様がいらっしゃらず売上がないのはもちろん、スタッフ間がギスギスし始めた時期がいちばん厳しかった記憶です。なんとなく雰囲気がよくなくて、なにが原因かわからず解消しないままではありましたが、とにかくお客様への対応を考えることで前に進もうと考えました。

まずはご来店された方に、どうやってお店を知っていらっしゃって下さったのかを聞くようにしました。たまたま通りかかった、知り合いに勧められた、ネットで検索したなどを聞き、それを元に強化していくように。また、お店ではお食事後に必ず外までお見送りをしてお土産を渡すことにしているのですが、その際、「よかったことと悪かったことを教えてください」と感想を必ずうかがいます。内容をメモに残し、改善できることはすぐに着手。

さらに、お客様についてはお名前と連絡先、特徴、注文内容などをお客様ノートに記録しました。二回目にいらっしゃったときに前回のことがわかるようにし、また来たいと思っていただけるようお客様を覚えることに力を入れてやってきました。これは、客足が途絶えた時期に悩んだからこそできたサービスであり、気づけたことだと思います。

そうして時が過ぎ、エビカニでエッジを効かせたことが功を奏して、ラジオや雑誌やテレビに取り上げてもらったことも重なり、売上がついてくるようになりました。そうするとアルバイトで人が雇えるようになったので、休みが回るようになり、みんなに余裕が生まれ、うまく軌道に乗り始めたのです。お客様が増えてからも変わらずにお客様を覚えることを心がけており、現在は常連客8割、新規2割を常に目指しています。

また、私が人生を通して意識しており、スタッフにも言い続けていることがあります。それは、「ありがとうとごめんなさいを言うこと」。やはりこのような基本的な言葉がいい人間関係を育むと思うのです。とにかく〝自分の優先度を下げてでも仲間のためを思うこと〟が大切という話を常日頃からしています。

成功するまで続けることが成功への道

「やろうと思ったときがやりどき」。やらないで後悔するより、やって後悔した方がいいということです。私自身、学生の頃に一年留年するのが嫌だから、今楽しい環境が日本にあるのに海外行ってしまったらなど甘い理由で留学しなかったり、周囲がきちんと就活しているときに遊んでいて出遅れたり、やるべきときにやらずにチャンスを逃した経験がたくさんあります。

それは今日掃除をしようと思っていたけれど面倒だから明日にしようなど、日々の生活の中にもあるものです。しかし、先延ばしにする時間が無駄だと実感し、思ったときにやるのがタイミングなのだと考えるようになりました。結局、それが正解か不正解かは後にならないとわかりません。だからこそ、一歩踏み出す、やってみることがとても重要だと思うのです。

もともと私は、予定がなければなにもしないだらしない性格です。それこそ、学生時代のアルバイトの貯金も、いつまでに海外に行くと決めれば貯められますが、そうでないと、お金が手に入ったらすべて使ってしまいます。やらないときは本当になにもしないので、〝30歳までに独立する〟という長期的なものから、来月まで、来週までなど日々の短期的なことまで、何事も〝日付を決めてやる〟ことを実践しています。

仕事のスケジュールだけでなく、一年後にこの試験を受けて資格を取る、家の大掃除をする、引っ越しするなどプライベートの目標や予定もＴＯＤＯリストに書き出し、それを日々クリアしていくことで前に進んでいることを感じています。

日付を決めると、そこまでにできなかったらもうできないことだとあきらめもつきます。あきらめざるをえないところまでいけば後悔しないけれど、その場でまあいいやと考えたり、あきらめる理由を探したりすると後悔が残ってしまいます。よくも悪くも、やり切ったと思えることが次に進めることに繋がるのではないでしょうか。

また、女性には結婚、妊娠、出産、子育て、仕事などライフイベントがたくさんあります。でも、これから結婚するし子供を授かるかもしれないからやめておこう、のように〝女性だから〟を理由に予測できない未来を憂慮するのはもったいない。実際にそうなったときに考えればよく、できるときにやることが大切。

〝やりたいと思う人が１０００人いて、その中で実際にやる人が１００人、さらに続ける人が１人〟という話を聞いたことがありますが、本当にその通りだと私は思っています。

成功するか失敗するかは、成功するまで続ければ成功だし、成功する前にやめたら失敗。できるできないではなく、やるかやらないかであり、だからこそやるほうを選択します。明日成功するかもしれないのに今日やめてしまったら失敗になるので、やり続けること、挑戦することに意味があるのだと自分に言い続けています。

女性だからといって、家庭か仕事のどちらかを選択しなければならないということはないと私は思います。とはいえ、私も不安はあり結婚前には夫や家族に、「時には家庭に重きを置き、時には仕事に力を注ぐ、バランスをとりながら家庭も仕事も両立したい」と話をしました。

有難い事に、気持ちを理解してくれるだけではなく、賛成してもらい、今も最強の応援団です。その時の気持ちを大切にして、何事もやってきて良かったと改めて感じました。

夫や家族に感謝を忘れず、家族も仕事ももっと楽しんでいこうと思います。

奥澤友紀さんのInstagramからのお問い合わせはコチラ ――

あなたへ贈るメッセージ

やろうと思ったときがやりどき。
出来るか出来ないかじゃない
やるかやらないか！

シングルマザーで子育てと仕事を両立させながら、美容整体業で7坪の隠れ家サロンから多店舗経営へ

美容整体サロン経営
株式会社Gold Spoon 代表取締役
平野裕子

1981年生まれ。高校卒業後大手下着メーカーに勤務するも、産休・育休中に生き方を見つめ直した結果30歳で退職。2012年6月に株式会社Gold Spoonを設立し、美容整体「KOGAO STUDIO(小顔スタジオ)」をオープン。現在は店舗展開し、シングルマザーとして2人の子育てをしながら、会社経営と両立している。

心から笑える女性を目指して

「株式会社Gold Spoon」代表取締役　平野裕子です。２０１２年に会社を設立。現在、美容整体業「ＫＯＧＡＯ ＳＴＵＤＩＯ（小顔スタジオ）」という店舗を構え、経営しています。プライベートでは、長女12歳、長男7歳、２人の子育てをし、長男はダウン症候群をもっています。シングルマザーとして奮闘しながら、会社経営と両立しています。

私は下町生まれの下町育ちです。ブランドハンドバッグ製造を自営業で営んでいた両親の元に長女として生まれました。

父は昼間、自営業をし、夜になれば社交ダンスの先生になり、当時は２００名程の生徒にレッスンを行っていました。母も父のパートナーとして一緒に踊り、時には華やかな衣装でダンスを披露していました。昼、夜で仕事の違う両親を見ていて、『忙しい中でも楽しそうに仕事をしているなぁ』と感じていました。

その他にも、両親はスナック経営などをしながら、私と妹を育ててくれました。今思うと、仕事だけど、好きなことを楽しみながら過ごしていたのでは…?と思います。
会社経営は父から、オシャレで美容好きなのは母からの影響が、今の私に引き継がれているのかもしれません。

高校卒業後の18歳。私は人と接することが好きで、接しながら〝人をキレイにできる〟という美容に憧れ、大手下着メーカー株式会社ワコールに就職しました。店舗販売員からのスタートでしたが、女性だからこそできる下着というアイテムで、〝女性をキレイにさせる!〟ということが毎日楽しかったです。

順調に店長に昇格し、売上管理だけでなく、どうしたらお客様に喜んでいただけるかと日々考え、学びの多い経験でした。その後、店長での実績が認められ、店舗運営チームに抜擢。当時の年齢では異例のことでした。

店舗運営チームでは、店舗スタッフ教育、セールスマーケティング、運営マネージメント、商品開発、プロジェクトリーダーなど様々な経験ができました。ここでの経験や学びが、今の会社経営に大きく活かされ、結びついています。

仕事が順調な中、26歳で結婚。28歳の時に長女を出産しました。産休・育休暇を取得し、女性としての幸せストーリーを築きながら一線で仕事をしてきた私に、30歳からの生き方を考える時間ができました。

産育休暇期間、これまでの仕事や環境から離れて過ごし、育児に奮闘。初めての育児に戸惑いながらも母親として、女性としての幸せも感じていました。

休暇期間が明け、さあ職場復帰！　いつもと変わらぬ場所で、いつもと変わらぬ環境のはずが…何か違和感を抱きました。

『もしかしたら、このまま変わらぬ環境で成長できない…。人生このまま終わりたくない！』直感で感じた私は、２ヶ月後に退職を選択しました。この選択をすることで、もっと広い世界を見てみたいと思いました。

勤務最後の挨拶は今でも覚えています。

「私はこれから、心から笑える女性になりたいです！」と、その場で素直に出た言葉でした。この言葉は、私にとってコミットであり、人生のテーマとなった瞬間です。

ワコール退職後、30歳。２０１２年６月に「株式会社Gold Spoon」設立。当時のパートナーと起業しました。心機一転、環境を変え、今までの経験を活かすチャレンジをしてみたく、パートナーの影響もあり、起業を選択しました。

設立と同時に、美容整体「ＫＯＧＡＯ ＳＴＵＤＩＯ（小顔スタジオ）」をＯＰＥＮしました。

7坪の隠れ家的サロンで、施術ベッド1台から始まりました。

どうしたら認知度をあげられるか？など、試行錯誤の毎日でしたが、とても思い出深いスタートとなりました。スタッフも順調に増えていき、店舗数も拡大。イベントへの参加など、さまざまなチャレンジもしてきました。

今振り返ると、とにかくがむしゃらのまま、波に乗って、ここまで築いてきた流れでした。ここまで経営できていることは、もちろんお客様に感謝ですが、やはりスタッフへの感謝も大きいです。〝ありがとう〟と伝えたいです！


『いつまでも美しく、より若々しくいるために』

インナービューティ、アウタービューティのバランス。

心と体のバランス。ライフスタイルバランス。情報のバランス。

様々なバランスを整えることにより、いつまでも美しく、より若々しく過ごしていけます。今この時代、本物、本質がとても大切です。

たくさんの情報や手段がありますが、きちんと〝見極める〟こと。そしてお客様へ提供できる施術だけでなく、お客様との出会い、ご縁をきちんと大切にし、日常や人生の中で、何かきっかけを作ることができる…そのような環境づくりを目指しています。

私自身に人生ストーリーがあるように、お客様にもそれぞれの人生があります。施術を受けに来ていただくにあたって、お客様の大切な時間を使っていただいていること。その限られた時間の中で、どんなきっかけを作り、影響力を与え続けられるか。

また人として、感謝や感動以上のものが提供できるか。まだまだ成長段階の企業ではありますが、１つずつ、前に進んでいきたいです。

人生観が１８０度変わった、第二子の出産

会社も家庭も順調な中、２０１３年に第２子を妊娠しました。この妊娠発覚後から、私の人生観が１８０度変わることになります。妊娠後、まもなく、パートナーの進めていた仕事上でのトラブルが発生。会社と家族を守るため、私は離婚を選択し、決断しました。

２０１４年６月に第２子となる長男を出産しました。離婚後の出産で不安がありながら幸せも噛みしめた出産直後、生まれてきた我が子と対面した瞬間…。

『あれ⁉　もしかして⁉　まさか…』

ダウン症をもって生まれてきたことに気づきました。産後、病室に戻っても『もしかし

たら…いや違う…』何度も自問自答ばかりしながら、唯々時間がすぎていく…。

そして、私の直感は現実となりました。出産翌日、長男の容態が急変したのです。低酸素でチアノーゼの症状を発症し、保育器のまま、NICU（新生児特定集中治療室）のある国立病院へ救急搬送されました。

検査後、5㎝の心臓に6ミリの穴が見つかり、心房心室中隔欠損症と診断されました。心臓疾患があり生まれてきた場合、染色体異常の疑いが多くみられる傾向があり、染色体検査が行われました。

2週間後の検査結果、担当医より告げられたのは、「ダウン症候群」でした。私はその場で泣き崩れました。当時の光景は覚えていますが、何を話していたか覚えていません。まさか、障がいのある子の母親になるなんて、想像すらしていなかったのです。

生まれて1ヶ月も満たない息子でしたが、心房心室中隔欠損症の手術を行いました。小さな体で2時間の大手術。本当に変わってあげたかった…。申し訳ない気持ちでいっぱいで、術後の息子に会うためICUに入り、ベッドへ向かい、息子がはっきり見えた瞬間、涙が止まりませんでした。しばらく息子へ近づくことができずにいました。

たくさんの管を体中に付けた姿…。よく頑張ったね！　と声をかけることが精一杯でした。

しかし、ここで私は救われました。私は何か起こる出来事の中、必ず人とのご縁に恵まれます。このICUに偶然にも、私の友人が看護師として働いていたのです。術後、息子の様子や私への気遣いをしていただき、温かいサポートに感謝です。

そして何より私の側で支えてくれたのは、当時5歳の長女でした。娘は子どもながらに、全てを受け入れてくれていました。息子の入院中、病院にも付き添ってくれ、ガラス越しの弟を嬉しそうに眺めていた姿がとても印象的でした。

全ての感謝と同時に、息子は無事に回復へ向かいました。

少しずつ現実を受け入れながら、自分自身、そして息子としっかり向き合いました。本屋でダウン症に関わる本をたくさん購入するなど、ダウン症のことをより深く勉強しました。今思うと、必死でした。息子のことをしっかり育てていこう！　自分の心をOPENにしていこう！　と決断しました。

家族や友人にも自分の気持ちを伝え始めました。不安で一睡もできない日々もありましたが、私にとってこの出来事を乗り越えていくためには、この選択がベストでした。その選択のおかげで、ダウン症のある子どもの方々とお友達がたくさんできたから。どんな場所でも選ばず、足を運ぶことにより、人とのご縁が繋がっていきました。

突然の別れと伝えられなかった言葉

息子はゆっくりと成長していき、生後4ヶ月がたった頃。2014年10月に、実父が病に倒れました。末期の癌、余命半年の宣告です。病に倒れる直前まで元気に仕事をしていただけに、言葉が出ませんでした。余命宣告まで…。

そこから闘病生活が始まりました。闘病中は、泣き言を一切言わず、弱音も吐かず、お見舞いに行っても、「裕子、頑張れよ！」と私が励まされてしまうほどでした。

父は自分が一番辛いはずなのに、周りに気遣いをし、明るく振る舞ってくれていたと思います。母も持病を持ちながら、父の介護をし、父は入退院を繰り返しながら闘病していました。

そして2015年4月に、父は宣告通りの余命半年で力つきました。67歳でした。まだまだやり残したこともあったかと思います。最期まで必死に頑張っていた姿、本当に誇らしかったです。

『パパ、本当によく頑張ったね！　今まで本当にありがとう』

父を見送り、母も気持ちが落ち着いてきた最中、母の持病が悪化し始めました。それと同時に、入退院を余儀なくされました。

長年連れ添ってきた父との別れ。母の病気を支えてきた父がいなくなってしまった寂しさ。とても辛かったはずの母。「子供たちにも迷惑をかけない！」と常日頃から口癖のように話していた母。病気とも闘いながら、いろいろな気持ちを必死に耐えていたと思います。

2015年12月に通い付けの病院から連絡がきました。病気を発症してから1度も通院を欠かさなかった母が来ていないと。もしかしたら…と不安がよぎりました。心配になり、母の携帯に連絡しても繋がらない。何度連絡しても繋がらない。

その後、実妹から連絡が入り、母が自ら命を絶ったことを知りました。

車を飛ばし母の元へ。母の遺体に対面した時、「ごめんなさい…」としか声をかけられませんでした。自ら命を絶つまで、何もしてあげられなかった。もっと側についていてあげたら良かった。もっと話していれば…。

母と私の最後の会話は、ケンカでした。原因を作ってしまったのは私です。だから、母の遺体に「ごめんない…」としか言えなかったのかもしれません。

59歳という若さ、あと数日で母の誕生日。還暦を迎えるはずでした。両親は私と妹が自立してから、夫婦で支えあってきて、とても仲が良く、最期まで一緒に連れ添っていくとは。あまりにも早すぎる別れです。

私は息子が生まれてから、両親に支えてもらい、励ましてくれ、一番に家族のサポートをしてくれました。私は何1つ、親孝行すら出来なかった。〝ありがとう〟も伝えきれなかった。後悔ばかりが残っています。当たり前にいた両親だったはずが、いなくなってしまった。本当に寂しい。

人生は一度きり！ 好きなことをして生きよう

生まれてくる命と、去って行く命。私にとって30代でのストーリーが何を意味するのか、ずっと考えていました。何で私だけこんな思いをしなければならないのか…自暴自棄になりました。悩み続けました。

息子の出来事で、自分自身としっかり向き合いながら、大きな壁を乗り越え、苦しい気持ちを前向きにできたのは、両親がいてくれたからです。だからこそ、両親との別れも、しっかりと乗り越えてきました。

息子からは、『私を強くさせてくれたこと』。両親からは、『大きな壁を乗り越えられること』。そしていつも側にいてくれた娘からは、『人への優しさと、あたたかさ』を教えられました。この学びは今の私を作ってくれたし、財産です。

頑張ってきた人生を送ってきたからこそ、今の仕事が続けられる原動力になります。仕事を頑張れるのも、幼少期の両親の働いている姿が私にとってのルーツだからです。父がしていた仕事の姿が、自分と重なる部分があります。不思議なものですね。

人と人とのご縁を大切にすること。感謝をすること。当たり前のことなど1つもない。自分と心と向き合うこと。

私はこのような人生ストーリーを送りながら、今現在、会社経営という仕事、母親、子育て、全てを両立しながら同時進行しています。

ごくごく普通の家庭に生まれて、一般的なレールの上で育ってきたと思いますが、人より少しハードな人生ストーリーを経験しました。今こうして私が自分らしく、自分の人生を歩めているのは、日々起こる出来事の『選択力』を磨いてきた積み重ねです。

『人生、何事も選択力。人生1度きり。好きなことを好きなだけできる人生。』

自分自身をどのような環境に身を置くか、とても大切です。住む場所、仕事、どんな人といるのか、どんな人たちといたいのか。環境次第で、情報力の質も変わってきます。

『自分の人生、どうなりたいか？　どう在りたいか？』

一度自分と向き合う時間を作ってみてください。きっとビジョンが見えてきます。人生の時間は誰もが平等に与えられます。自分を支えてくれる人や家族、友人、繋がりのある人たちに感謝の気持ちを忘れず、『ありがとう』が飛び交う環境作りを大切にしてください。そして、自分が楽しみながら、心地良く過ごせる環境づくりを、ぜひ整えてみてください。20代、30代、40代、50代、それぞれの年代での生き方で、人生は決まります。外見だけでなく、内面を磨く努力が必要です自分磨きをしながら、幸せな人生を送っていくのです。

『いつまでも美しく、より若々しく』

心がワクワクできるもの、自分の気持ちにフィットすることを見つけながら、チャレンジし続けましょう!!

ごく普通に生きて、ちょっと人よりハードな生き方の私でも、今こうして自分軸を持てています。きっと誰もが自分軸を持ちながら、幸せになる権利があります!!　私はこれからも一歩踏み出す勇気と選択力、決断していく強さを持ちつづけていきます!!

人生1度きり。大切な命を授かり、生まれてきた自分。両親、家族、友人、仲間など感謝の気持ちを持ちながら、さらに自分のビジョンを見つけて、前に進んでいきましょう。

好きなことを好きなだけできる人生にするために。

平野裕子さんのInstagramからのお問い合わせはコチラ

あなたへ贈るメッセージ

好きなことを好きなだけ
できる人生を送るための
選択力を磨き続ける

「本来の自分」を解放した途端、恋愛やお金すべてが手に入ったからこそ伝えたい誰もが持つ魔法の力

コンサルタント・物品販売事業
パティスリー経営（今冬オープン予定）
株式会社ミユ・株式会社minimi 代表取締役

錦織美咲

1986年生まれ。服飾関係の専修学校卒業後アパレル会社に就職。28歳の誕生日のときに起業を決意し、初めは週末起業でOLとコンサルタントを平行しながらスタートさせる。その後30歳で独立し、現在では3人の子育てをしながら、コンサルタント業以外に物品販売業やパティスリー（今冬オープン予定）も経営している。

魂を目覚めさせる「スピリチュアルコンサルタント」

現在、私は主に2つの事業を展開しています。1つ目はコンサルタント業です。私が持つスピリチュアルな力で、起業家の支援や独立のための支援を行っています。

この仕事をする上で特に心がけていることは、クライアント様が何のために生まれてきたかを自覚し、本来の自分自身を取り戻した上で、夢や希望を叶えられるように導くことです。さらには、ビジネスの成功を実現できるためのサポートをしています。

なぜ、そのようなことに注視しているかというと、かつての私がそうだったように、世の中の多くの人が本来もって生まれた自分の役目をわかっておらず、周囲の評判や「こうあるべき」という固定観念で将来の行先を決めてしまっているために、あらゆる人生の不具合に苦しんでいるからです。

私は、そうした人々に対して「本来の自分＝魂」に気づくきっかけを提供し、それを足掛かりとして、その人のもつ魂のエネルギーを最大限に高めるお手伝いをさせていただいています。

私がコンサルタントをする上で大事にしていることは、自分のフィルターを通さずに、ありのままのクライアント様を見ることです。さまざまな先入観や価値観を手放し、苦水ではなく「純粋な水」としてクライアント様を見ることが大事です。

なぜかというと、「魂」と「人格」は元々が別物であり、私がメインで見ているのは本来の自分、すなわち「魂」の方だからです。「人格」というのは、もって生まれた「魂」とは違って、今まで培ってきた生活環境や教育、人間関係、トラウマ、過去の出来事などの外部要因から形成されます。そのため、本来の自分を写しているとはいえません。私のセッションでは、クライアント様がもつ「魂」だけを見るように心がけています。

現在は、主婦、個人事業主、企業契約など、様々なクライアント様を持っています。最も多いのは子もちの女性起業家からのご依頼です。割合では9割が女性、残り1割が男性となっています。

私は営業が苦手なため、自社の宣伝を一切行ってきませんでした。しかし、お陰様で口コミやご紹介で集客が自然にできているので、これもまた有難いことだと思っています。

2つ目は、物品販売業です。元々、月1でセッションを受けていただいているクライアントの方々より、「セッションの期間が終わった後も、ステージアップの場面や日々の暮らしの中で、自分自身で波動を維持していくにはどうしたらいいか？」というご相談を受けていました。

そこで、私のセッション後も波動をキープし、引き戻しを抑える「お助けアイテム」として考案・販売に至ったのが、現在のラインナップです。アクセサリーや宝石、オリジナル食品やアパレルグッズまで、こだわりのアイテムを取り揃え、まさに「クライアント様からの要望で生まれた」と言っても過言ではないグッズたちばかりです。私はこうしたアイテムを通して、クライアント様一人ひとりの魂が目覚めるお手伝いができればと願っています。

28歳、最悪の誕生日が人生を変えた

私は小学生の頃からずっとファッションに興味があり、中学卒業後は服飾関係の専修学校へ入学し、本格的にその道へ進むことを決意しました。そして、卒業後は憧れのアパレル業界への就職も果たしました。

ところが、女性が多いアパレル業界において、自分の思うように生きることができませ

んでした。売上成績が高かった私は、同僚から〝妬みの対象〟になっていて、いつしか蹴落とされる側になっていたのです。

ただただファッションが好きなだけなのに、なぜ私だけこんな目に合うのだろう……？と自問自答する日々。しかし当時はそんな自分の状況が理解できず、ひたすら我慢をしながら努力を続けていました。

大好きなアパレルの世界なのだから、私はもっと頑張れるはず…。頑張れば、いつか解決するはず…。当時はそんな風に思っていたのです。


荒波に揉まれ続けて数年が経った頃、私の人生の転機は7年前の私の28歳の誕生日に突然訪れました。その日は、関東では珍しい大雪で、勤務先であるお台場に通勤しようとしても、電車は遅延・運休で全く動かない状況でした。

6時間かけてやっとのことで着いたと思ったら、すっかり夕方になっていて靴も服も雪でビショビショ、心もボロボロ……という状態でした。それでも、とにかく濡れた足元だけでも何とかしなきゃと考え、私は靴を買うことにしました。冷たい足元のままでは帰ることもままならなかったからです。

せっかくの自分の誕生日に、よりによって悪天候の中頑張って出勤した結果、ずぶ濡れで靴を買う派目になり、かえってお財布の中身がマイナスになってしまったという、なんともひどい1日でした。私は言い知れぬ思いでいっぱいになりながら、帰りの電車に乗りこみました。

すると、電車内にはディズニーランド帰りの人・人・人。それぞれが「お土産でアレを買った、これも買った」とグッズを見せ合ったり、「あのアトラクション楽しかったね」「そうそう」と笑い合ったりと、悪天候のことなどどうでもいいかのように、周囲の人々はとても楽しそうに見えました。

私は千葉からお台場方面に通勤していましたが、夕方から夜にかけてはディズニーランド帰りの人々と遭遇していました。当たり前ですが、皆さん幸せそうに充実した表情を浮かべているので、いつも羨ましいと思っていました。

しかし、あの日は違っていました。〝楽しい夢の国〟から帰ってきたばかりの、可愛い耳飾りを付けた興奮冷めやらない人々を眺めているうちに、私の目からは大きな涙がこぼれ、何かが「プッン」と切れたのを感じたのです。それは、ずっとアパレルで頑張ると拘ってきた自分の意地やプライドが、ガラガラと音を立てながら崩れ落ちた瞬間でもありました。

〝もうムリ。辞めよう。〟

そんな感情が涙と共に一気に押し寄せました。

この時期、実は恋人ともうまくいっておらず、婚約破棄をしたばかりでもあったので、頭の中は死ぬことを考えたりもしていました。仕事はうまくいかず、恋人も失ってしまって、これ以上失うものがない状態だったのです。最悪に最悪が重なった瞬間、あの大雪の日のタイミングで、私はやっと我に返りました。

〝このままではいけない。〟

と、ふと心の声が聞こえたのです。そして、抑圧してきた想いに気づくことができたのです。

今日で私は28歳になったんだ。そうだわ、私。絶対に30歳までに独立する。今は辛いけれど、あと2年、そう2年だけでいいから自分に賭けてみよう。死ぬことを考えたくらいなのだから、ここからの2年間は生かされていると思えばいい。その分、全力で頑張ってみればいい。私ならできる。できる。できる！

元々、子ども時代からアパレル時代まで人から相談をされる機会が多く、スタッフ教育にも携わっていた時代もあり、「自分はどこで何をやっても、人から相談を受け、アドバイスをして相手が良くなるところを見続けてきた」という自負がありました。そして28歳の誕生日のタイミングで、これこそが「私の魂の役割なのかもしれない」と気づくことができたのです。

やっと本来の自分に気づいたことで、私はこれまでの人生を全てリセットして、新たな仕事を軸に人生を歩みたいと思うようになりました。本来の自分が活かせる仕事を探していくうちに、「心理カウンセラー」や「セラピスト」という職業があることを知り、直感で「これこそ、私がしたかったことだわ。この道に進もう！」と思いました。

さらに、この時期は私の同級生の間では年齢的なものもあり結婚ブームでした。彼女たちから「産休や育休の制度こそあるものの、現状は取りにくいのよ」「復帰しても以前の仕事ができなくなったの。どうしたらいいの？」などといった悩み相談を受けているうちに、自分の将来を真剣に考えるようになりました。

私だっていつかは結婚したいし、それに子どもも欲しい。でも私自身が人から雇われている未来は全くイメージできない…。彼女たちの相談を通して、このことに気づきました。

私は、むしろ「雇われる」より「自立」したい。数年のうちに独立して安定した生活基盤の上で、幸せな家庭をもちたい。それこそが私の未来…。同級生との対話から、このような未来の形を選択しようと思ったのも、現在の仕事を選ぶきっかけとなりました。

自分の人生を歩めば、未来は自然に開けてくる

私は幼少期から、自分自身に「なぜか不思議な力が備わっている」ということを自覚していました。神秘的なものや宇宙の大きな力をその頃から感じ取っていたからかもしれませんが、子ども時代にはよくユニコーンや天使などを描くことを好みました。

一方、生まれつき敏感な感覚をもち、周囲の人間が何を考えているのか本音の部分がわかってしまうが故に、人間関係を築くことが苦手でした。小学校ではイジメも経験したことがあります。

友達からは「どうしてそんなこと、わかっちゃうの?」と訝しがられたり、本心から「あなたはうまくいくよ」と励ましても、「なぜ、そんな簡単に言うの?」と逆に信じてもらえなかったりと、人間関係の不具合に悩みました。家族ともあまりうまくいかず、一人暮らしをしていたほどです。

思い起こせば、20代初めから兆候というか、「サイン」のようなものはありました。無理をして周囲に合わせようとしたり、本当の自分自身を隠したりする自分に「ヤメナサイ」

というサインは何度もあったのです。

でも、こうしたサインに薄々気づいていたのに、当時の私は頑固なところがありました。プライドも高かったので、決して物事を途中で投げ出してはいけないという想いが人一倍強く、新しい世界に一歩踏み出せずにいたのです。

私たちが受けている現代の教育は「言われたことを、最後までしっかりとやる教育」でもあるため、いざ自分が困難に遭遇した時にどうしたらいいのかを学べていないような気がします。そもそも、自分のことをわかっていないため、言われるままに動く人間こそ素晴らしいという価値観に支配され、そのような人間が量産されているようにさえ感じています。

しかし、それではいつまで経っても自分の本来の役割や宿命が理解できず、本来の自分の力を発揮することも叶わずに一生を終えてしまいます。

なんて悲しいことでしょうか。自分を知り、自分の頭で考え、自分の人生を歩めば、自然と未来は開けてくるものです。私の場合は、ファッションの世界しか知らなかったにもかかわらず、本来の自分（＝幼少期から隠してきた本当の自分）を解放することで、スピリチュアルコンサルタントとして〝第二の人生〟をスタートさせ、その後は驚くほどすべてがスムーズに回るようになりました。

自分の役割がわかるということはこういうことなのです。もちろん目の前の視野はグッと広がりますし、世界もカラフルに見えるようになります。世界には美しさと感動で溢れているのです。これを知らずに死んでいくのは実にもったいないことです。人間は本来の自分の人生を生きないと、人生もうまくいきません。

そのことは私が身をもって学びました。今度はそれをより多くの人に伝えるのが、覚醒した私の役割だと思っています。

アパレルに勤めていた頃は、給料が低く、人間関係も良くないブラック企業で、ひと月十何万円の給料でその日暮らしをし、彼氏もいないような、まるで生きる意味がわからず、死ぬことさえ考えてしまうような生活でした。そこから現在の自分の状況を考えると、当時では考えられないほど人生が豊かに、カラフルに、幸せになっています。

「本来の自分」で生きていなかったアパレル時代では、何のために生きているのかわからず、どんどんネガティブになっていたのです。しかし、「私、このために生まれてきたんだ」とわかった途端、すべてが変わりました。私の魂は安心感に包まれ、人生が変わり、本当の運命の人（ツインレイ＝自分の魂の片割れ）である現在の夫に巡り合いました。そして出会った当日に結婚を決めました。

彼と出会った時、一瞬で「私はこの人と結婚するために生まれてきたんだ」とわかりました。私のように、本当の相手、自分の役割など、すべてが腑に落ちた瞬間、世界はカラフルになっていくのです。それをより多くの人にも伝えて明るい未来に導いてあげたいと思います。

魔法使いの能力は「自分を信じる力」

目の前の苦労や困難に対し、私は「自分を信じること」を大事に生きてきたことで突破してきました。もちろん、夢を叶える秘訣として「才能」や「運」などいろいろな要素は挙げられると思います。ですが、そもそも人は自分に才能がないものを叶えたいとは思いません。むしろ一番重要なのは、「覚悟」や「決意」ではないかと思います。

私は周囲から度々「魔法使いのようだね」と言われるのですが、それでは魔法とは一体何なのだろうかと考えると、やはり自分を信じる力に他なりません。

「スピリチュアル」と聞くと特殊に思われがちですが、私はきちんと地に足を付けて生きることこそスピリチュアルだと思っています。

現実がうまくいかなくなって、ついつい極端な方に走ってしまう人がいますが、それは本来のスピリチュアルではありません。自分の能力を使って地球で生きること、行動していくことがスピリチュアルなのです。

一般的に「スピリチュアル」と言うと、占いのイメージが強いかもしれませんが、本来はその逆です。自分の魂と繋がることで自分自身が整い、宇宙からの直感を受け取ることができるようになるのです。思考はもっと後から付いてくるものなのです。

これが思考の方が先に来てしまうと、正しい判断の邪魔になってしまいます。多くの人がそうではないでしょうか。したがって、そのような思考の優先による障害がなく、パッと閃いた直感で、いかに行動に移せるかが重要なのです。これをするためには、やはり自分を信じていなければできないと思います。

私は、人よりも自分自身を信じることが得意です。「自分は絶対大丈夫」と本当に心から思っているのか、ただ思いたいのかによっても、行動の結果は変わってきます。

小さな頃から「自分ができる」と思ったことを実現させてきました。おそらく、そうした体験を経てこなかった人にとっては「本当なの?」と思うはずです。でも本当です。

それでは、なぜ叶う人と叶わない人がいるのかというと、叶う前にやめてしまうからです。これはもったいないことです。

「これだけは絶対に叶えたい」と願望を強く打ちあげ、信じて行動に移すことで夢は叶います。夢を叶えるための通過点の中で、まだ途中の段階にもかかわらず「無理だ」と諦めてしまっているのは忍耐力が足りていない状態でもあります。「できると思えば、必ず夢は叶う」と信じるための忍耐力があるかどうかは、その人の「人間力」でもあるのです。

起業後はOLをしながら週末起業というスタイルを取り、29歳でOLとコンサルタントを平行しながら続け、30歳でやっと独立することができました。現在、完全独立して5年目になります。5年前も現在も、私がやっている仕事は変わりませんが、年商は2億円が届くまでに成長しました。

私は元々文章を書くのは苦手で、発信業務や集客は得意ではない方です。当初はそれをやらなければうまくいかないと思っていました。

しかし、こうした固定観念を一度横に置き、「私はそれができなくても大丈夫。不得意な分野があっても生きていく」と決め、できないことを手放してみることにしました。すると有難いことに口コミだけで集客ができるようになり現在に至っています。

今は広くて理想的な住まいを手に入れました。波動測定士の方にきちんと計測していただき、エネルギーが高くなる特別なリフォームを施していているので、波動が高い家に仕上げています。また、室内のトータルコーディネートに関しては私が手掛けました。愛する家族と可愛いペットたち（犬、ウサギ、モモンガ、フクロウ）と暮らしています。

もし、あなたが一歩踏み出せなくて悩んでいるのなら、一度、私に話してほしいと思います。そして「踏み出せないと思っている自分こそが幻想」だという真実に導いていけたらと思います。

誰しも新しい世界に踏み出したらどうなるのか？という問いに対し、やはり未来のことなのでわからないものです。でも、本来それを経験するために私たちは生まれてきているので、踏み出せなくてどうしようと迷うのも自由ですし、どんな選択をするにしてもその時の自分にとって正しいものです。踏み出せなかったら今の世界のままですし、踏み出せなくて何かを変えたいと思ったら、やはり何かしらを変えなくてはならないものです。

踏み出したらどんな世界が待っているのか？という意味で、ワクワクするような自分の未来をイメージしてみてほしいと思います。本当の自分や「魂の役割」に気づくことができれば、人生はもっと豊かに、もっと軽やかになっていきます。

生きている以上、私たちにとって平等なのは「時間」だけです。もし明日死ぬとしたら、または1週間後に地球が滅亡するとしたら、やってないことがあるのであれば、やはりやっておいた方が良いと思いませんか？
「経験もスキルもない」「私なんて絶対に無理」などの理由で自分の夢を諦めないでください。

錦織美咲さんのホームページからのお問い合わせはコチラ ——

あなたへ贈るメッセージ

踏み出せないと思っている
自分こそが幻想

資金も人脈もないネガティブで消極的だった私がプライベートジムを6店舗まで展開できたキッカケ

パーソナルトレーニングジム経営
株式会社Rinasce 代表取締役
繁田真心

1991年生まれ。15歳から高校に通いながら週5日でスナックに勤務し、25歳までの10年間は様々な職種に転職。起業前に勤めていたパーソナルトレーニングジムでの出来事をキッカケに独立を決意し、「プライベートジムN」をオープン。今ではシングルマザーとして3人の子育てをしながら、パーソナルトレーニングジムを6店舗経営している。

劣等感の塊だった学生時代

はじめに、私の過去をお話しさせてください。

私は16歳まで、難病持ちの母と祖父母と一緒に実家暮らしをしていました。衣食住には困りませんでしたが、母子家庭で母もパートだったことから、どちらかと言えば貧乏だったと思います。

小学校時代いじめに遭ったことで、人間関係の構築に対する苦手意識、性格や容姿に対する強い劣等感を持つようになりました。それでも一緒にいてくれる友人がいて、不登校にもなることなく、そのまま地元の中学校に進学し、小学校から続けていたバレーボール部に入部しました。

年頃の女子あるあるだと思いますが、同級生との間で輪番制のような陰口などが多く、さらに人間関係の構築に不安を持ち、人の顔色を窺う癖がつきました。ついには、摂食障害と自律神経失調症を発症しました。今はもう軽度ですが、摂食障害は15年以上経った今でも完治していません。

地元の公立高校に進学し、高校でもバレーボール部に入学しましたが、高校でも人間関係がうまくいかず（そう思っていたのは私だけかもしれませんが）、半年で中退。その後、通信制高校に編入しました。勉強は好んでする方で、１番の得意科目は数学でした。それは社会人になってから大いに役立っています。

２０１０年18歳で最初の結婚、長女を出産、離婚。
２０１４年に２回目の結婚、長男を出産。
２０１６年に次男を出産、２０１７年、２回目の離婚。
今はシングルマザーとして、３人の子供を育てています。

何をやっても続かない、転職ばかりの人生

仕事においては、15歳から高校に通いながらスナックで働き始め、週5日レギュラー勤務をしていました。公立高校を中退してからは25歳まで昼職と水商売を掛け持ちでした。18歳の時、長女出産後１ヶ月でユニクロに就職。そして、19歳で脱毛サロンに転職し、エ

ステティシャンになりました。

そのサロンはかなりブラック企業で、インセンティブが収入に大きく影響する仕事でした。休日を返上して売上を上げ、勤務時間は11：00〜21：00が定時でしたが、実際は朝9：00〜終電間際まで働いていました。接客や施術、クロージング技術、売上意識は相当高く、サロンで徹底的に身につけたことで、今現在の仕事にかなり活かされています。

ただやはり、社員が99％女性の職場です。人間関係がうまくいかず退職。その後物流、アパレル、医療、フィットネスとさまざまな職種に転職しました。

転職は仕事内容に不満があることもありましたが、気が強いくせにネガティブで、人の顔色を窺うことに疲れてしまい、転職というのがいつものパターンでした。

その結果、社会に出てから起業するまでの10年間、1年以上勤めたのは前職の1社だけ。かなりネガティブを拗らせていました。


25歳の時、美容クリニックのカウンセラーになろうと思い、仕事の面接を受けに行ったところ、「パーソナルジムを開業するから、そこのカウンセラーになってほしい」と言われました。予定とは違いましたが、初めてのフィットネス業界で仕事をすることに決めました。

今でこそパーソナルトレーニングジムを経営していますが、当時はフィットネスに全く興味がなく、そこで初めてパーソナルトレーニングジムというものに出会いました。その出会いが起業のきっかけになり、会社のメイン事業になっています。

「会社の社長」という肩書きを持つと、

- **前向き、活発**
- **行動力がある**
- **資金、人脈が豊富**
- **自由**

などといったイメージを持たれがちです。しかし前述の通り、私はその正反対の位置にいるタイプでした。

そんな私が起業をきっかけに、自分で作ったものがお客様に喜んでいただけることや、収入が増えたこと、オンラインサロンに入会し、前向きな方達と接することで少しずつ前向きになってきているところです。行動力皆無だった私が、今では「フッ軽さ」が1番の売りになっています(笑)

きっかけさえあれば、誰でも起業できる!

次に、私が執筆したいと思ったきっかけをお話しします。

私は2020年からオンラインサロンに属していて、「子供がいるから自由に働けない」「起業したいけど人脈も資金もない」「夫や恋人が許してくれない」「スキルがない」という女性にたくさん出会いました。

私にも3人の子どもがいて、元は既婚だったので、気持ちはよく理解できました。25歳までの私が正にそうだったからです。それでも29歳の今の私は、ある程度自由に自分のしたい仕事ができています。

前に書いた通り、私は経済的に頼れる親族も人脈も資金もなく、前向きな性格でもありません。今でも評価は自他ともに相当ネガティブで消極的です。(変なところだけポジティブだったりしますが)

社会不適合者と言われても不思議ではない私でも起業し、自分のしたいことができるようになっているのですから、『きっかけやサポートがあれば、誰でもできるようになる』と常々思っています。私の経験談が何かきっかけになり、後押しになればと、今こうして経験や思いを綴っている次第です。

私の人生が変わったきっかけは、起業前に勤めていたパーソナルトレーニングジムでの出来事です。クローザー、後に運営企画部兼経理部で働いていたとき、自分の勤めるお店のサービス業としての在り方に疑問を持ったことでした。

会社単位での改革が必要でしたが、役員に上がり経営陣に加わりでもしないと、一社員ができることはたかが知れています。

『自分の意思に反するサービス業を提供したくない』と思いました。

そして、その月のお給料日に受け取った月給35万円の25万円程を店舗の物件費用に注ぎ込み、残りは器具や広告費として使い、内装などは自宅にあった物をＤＩＹし、「プライベートジムＮ」をオープンしたのです。

パーソナルジム経営のノウハウを前職で得ていたことと、繁忙期ということも幸いし、初月から売上２００万円を達成しました。閑散期や新型コロナウイルス感染拡大などで赤字を出すこともありましたが、周囲の方達の助力があり、３年以上１店舗も閉店することなく、さらに事業展開をしています。

起業するにあたり、もちろん不安や葛藤がありました。それは今もあります。仕事面では集客と人材育成、プライベートでは育児や周囲の声…。

まず仕事面に関しては徹底的に勉強しました。書籍やネットでの情報、手に入る情報はなんでも取りにいきました。そのなかで出会ったのがマネジメントゲーム（以下、MG）です。

MGはソニー社の元秘書、西順一郎氏が開発したマネジメント研修です。ゲームの中で経営を擬似体験し、現実でリスクを負うことなくリアルな経営経験ができ、経営戦略や会計思考を身につけることができるというものです。

MGを受ける前と受けた後では経営思考が大きく変わり、MGの必要性を強く感じています。既に事業をしている方やこれから起業を目指す方はもちろん、仕事をしている方全員に必要な研修だと思っています。

MGを受け、集客にも人材育成にも「教育」が必要であることを学びました。現在はどの業務よりも教育を優先するようにしています。具体的に言うなれば、社内研修にかける費用を上げ、商材そのもの以上に会社としての付加価値を人材につけていく、ということです。

B to BでもB to Cでも、すべての事業に「人」が関わっていて、どんなに需要があって良い商材でも事業はうまくいかないと考えるようになり、そうするとやるべきことが自ずと見えてくるようになりました。

今ではMGを主催するようになりました。今後はさまざまな業種に特化したMGを作り、もっといろんな方に受講していただけるようにと動いています。ぜひ一度MGについて調べてみてほしいなと思いますし、興味が沸いたら私にご連絡をくだされば全国どこでも開催させていただきます。

自分の人生の責任を取れるのは自分だけ

そしてプライベート面。今回1番伝えたいのはここかもしれません。

普段、子どもたちは小学校と保育園に預け、それ以外の時間は母にシッター代と生活費を渡して子守りをお願いしています。

関西と九州の両方で仕事をしているため、関西の自宅にいるのは月の1／3～1／2ほどです。この生活にはもちろん賛否両論あります。親族からも色々言われていますし、それ以外からでも私の耳に入るのは否定意見の方が多いです。割と最近までは全て間に受け、子どもたちや母に対して罪悪感を感じ、SNSでの発信にも気を遣いました。

自分の嗜好品にお金を遣うことも憚られ、仕事をするための言い訳を一生懸命考えることに労力を費い、精神面はかなり不安定でした。そうなると体調にも影響が出る豆腐メンタルな私。仕事もうまくいかず、すべてが悪循環になりました。

このままでは育児も会社も何もかもだめになると思った時、自分の子ども時代を思い出したのです。私も母子家庭で育ち、保育所では毎日延長保育組でした。決して裕福ではなく、やりたいことや興味はいろんなことにありましたが、習い事は半年1500円で受けられる地域のバレーボールクラブと公文式、中学3年の時は月5000円の学習塾だけでした。

高校進学の時も「バレーボールが強い私立高校に行きたい」と懇願しましたが、「うちにそんな余裕はない」と反対され、地元の公立高校しか選択肢がありませんでした。子ども時代が不幸だったとは思いません。家族からの愛情を受けて育ちましたし、衣食住に困らず、必要最低限の教育は受けられたわけですから。

でも思ってしまったのです。「子どものうちにたくさんの経験ができていれば、大人になってからの選択肢や可能性はもっとあったのではないか」と。

今の仕事を辞め、家庭に重きを置いたとしたら、子どもと過ごせる時間は増えても確実に収入が減ります。自分が母親になった今でも抱えている後悔を、私も子どもたちにさせるのか?と思いました。それだけは本当にしたくなくて。その時から子どもに対する意識は「量より質」を重視し、家庭と仕事のメリハリをつけるようにしています。

仕事が充実すれば自分の経験値が上がり、子どもたちに教えられることも増えます。収入が増えればそれだけ教育費に充てられるお金が増え、子どもたちの未来の可能性が広がると考えるようになりました。

長い人生の中、「子ども時代」より「大人時代」の方が圧倒的に長い。今は、子どもたちの「大人時代」の可能性を広げることを優先しています。後付けのこじつけかもしれません。それでも確固たる目的ができた今、家庭も仕事も中途半端でなくなった今、私から子どもたちに伝えられることのボリュームや質が上がったことは間違いありません。

この考えが正しいのか間違いなのか、今はまだわかりません。そもそも数千年の人類の歴史のなか、人間が途切れることなく続けてきた育児であるのに、育児方法は多種多様です。それはきっと正解も間違いもないから。正解か間違いか、それがわかるのはきっと子どもたちが大人になったときだと思っています。

私のやり方が正解だったならもちろんベスト、間違いだったとしても、子どもたちが大人になってから、自分の子ども時代の母親の姿を思い出して、「あんな親ではダメだ」と、反面教師にしてくれたら良いと考えています。そのために私が1番してはいけないことは

「中途半端」です。後悔のないよう、やると決めたら迷わずやる、そんな生き方をしていくつもりです。

そして、周りの意見を聞いて参考にはしますが、間に受けることは辞めました。当たり前のことですが、その人たちは私や子どもたちの生活を保障してくれるわけでもなく、人生においての責任を取ってくれるわけではないからです。

それは夫や恋人にも言えることです。自分の人生の責任は自分しか取れません。この先、もしやりたいことをできなかったと後悔したときに、子どもがいることや夫や恋人の所為にしてしまって、自分自身が納得できるでしょうか?

ここまで私の過去や起業に至った経緯をお話ししてきましたが、私が世の中の女性に伝えたいことは、「正解はない」ということです。私の生き方は私の生き方でしかなくて、万人に当てはまる生き方ではありません。起業することや仕事をすることが必ずしも正解だとは思っていません。

でも、なにか迷っているとするならその足枷はきっと、「〜するべき?」という言葉ではないでしょうか。何事にも「〜するべき」という正解はないと思えたら、きっと一歩踏み出すことができるのではないかと思うのです。

誰に反対されても自分の「やりたい」という想いが本物で、やりたいことが実現した時のビジョンがイメージできるのであれば、私はぜひチャレンジしてみてほしいなと思います。

ありふれた言葉ですが、

「やらない後悔よりやる後悔」

「案ずるより産むが易し」

だと思います。


いざとなったらきっと、自分を大事にしてくれる人たち、家族や恋人、友人知人、仲間たちが何らかの形で助けてくれます。私もそうでした。紆余曲折しながらもこうして今幸せに過ごせているのは、間違いなく自分を大事にしてくれる人たちがいるからです。その人たちには感謝してもしきれません。そのgiveに応え、恩返しすることもまた、すべての活力になっています。


ここまで私の話を聞いてくださったあなたへ。

もし悩んでいるとき、迷ってしまうとき、私が何かにお力になれたらと心から思います。いつでもお気軽にDMをください。

繁田真心さんのInstagramからのお問い合わせはコチラ

生き方に正解なんてない。
誰に反対されても
自分の「やりたい」という
想いを大切に。

本が友達だった内気の少女が人生のドン底を経験し、エステサロンを19年経営するまでになった挑戦ストーリー

エステサロン経営
株式会社MIKクレエ 代表取締役
田口久美子

1959年生まれ。肌の疾患で悩んでいたことをきっかけに色々調べていく中で「健康=美容」に気付き、エステサロンを開業。一度は失敗するも、42歳のときにマンションの一室から再スタートし、現在では仙台でエステサロンを経営して19年目になる。2020年にはMrs. global Earth宮城大会に出場し準々グランプリを獲得。

本が友達の内気な少女が起業家へ

8畳の江戸間和室3つの脇を歩く、夏でも少しひんやりとした長い廊下のある家で生まれ育ちました。外に向かっては全てガラス障子。細長い庭と外の界には明かりを遮らない板塀が続き、部屋の障子は大概いつも開け放されていました。

学校から帰ると、両親と祖父が仕事から戻るまで祖母と過ごしていました。私は、長男である父の元、初めての内孫として祖父母からとても可愛がられて育ったと思います。

3年後に生まれた弟は可愛いけれど、癇癪持ちだったので、祖母には大変なことが多かったようです。そういう意味で、私は大人しく扱いやすかったのではないでしょうか。

祖母が家事をしている間、1番奥の和室の敷居の上に座布団を敷き、腕を支え、畳に腹這いになり足を投げ出して、時に足をブラブラさせながら本を読むのが好きでした。その部屋の本棚には子どもが読み切れない程の本があったのです。

そのほかにも、世界童話全集何十巻、日本昔話、世界の偉人全集、シートン動物記など学校の図書館も随分利用しました。どの本も面白くて、夢中になって読みました。

中でもずっと私の心に残っているのは、メリー・ポピンズやE・ネズビット作「砂の妖精」です。なぜ特別だったのかはわかりません。挿絵も物語にぴったりでした。

母は本を読む習慣がなかったため、子どもにはたくさんの本を読んでもらいたかったのだと、私が大人になってから知りました。

祖母が忙しくしている台所は家の1番端にあったからなのか、家の中は本当に静かで、いつまでも本の中の世界にいることができました。私は外で遊ぶより家の中で本を読んだり、祖母とお人形遊びをしたり甘えたりする方が好きでした。

学校では大人しく、授業中に手を挙げることもできない内気な子どもでした。そんな私が、その後起業家になるとは本人も家族も予想できなかったと思います。今、私は仙台東口の近くでエステサロンを経営し19年目になり、「株式会社ＭＩＫクレエ」代表取締役として13年になります。


当時の私といえば、高校を卒業する頃には、両親にろくに相談もせず、東京の専門学校に行くことを決めていました。両親とは距離感が違った分、充分に甘えさせてくれて、可愛がってくれた祖父母は、私が小学生、中学生の時に他界しました。その頃から少しずつ、自立の考えが芽生えてきたような気がします。

絵を描くのが好きだったので、当時のテレビの影響もあり、「デザイナーになりたい」と漠然と考えました。女性でも何か専門的な職業を持つというのは素敵じゃないかと憧れていました。

キラキラした思いで専門学校へ入学し、目にするもの全てが新鮮に映りました。しばらく頑張っていましたが、落ち着いてきた頃、「自分がデザイナーになるなんて到底無理ではないか…」と気づきました。

福島の郡山から東京に出てきた私の周りには、自分より数段絵の上手な人、私服でも抜群にセンスがいい人、もっと前から専門的な勉強をして基礎がある人がたくさんいたのです。クオリティの高い授業、楽しいモノ作りもありましたが、だんだんもの凄い量の課題についていけなくなったという言い訳もありました。

起業のヒントはお肌の悩みから

卒業後、就職したのはデザインに関係の無い会社でした。挫折感もあり、「夢はもういいや、ほんの一握りの人が叶えるモノ。もう普通に働こう」と思っていました。

東京の生活にも慣れ、ごく平凡な毎日がしばらく続いたある日のことです。母が交通事故にあったという知らせが突如入り、帰省しました。

思っていたよりも怪我の状態が悪かったので、生活の拠点を地元に移すことにしました。働きながら母を看病し、父、弟もいましたので、家事なども同時にする忙しい生活の始まりです。

母はリハビリを含め半年後、奇跡的に障害が残らずに回復。心から嬉しかったです。しかし、その何年か後、乳がんが発覚して入院、手術。幸い初期でしたのでその後再発もなく完治しました。

そのまた何年か後、今度は私が怪我、病気、病気となり、入院生活も何度か経験することになったのです。30代半ばの頃で、まだ健康だと思っていましたのでショックでした。病室には同年代の患者さんがたくさんいて、話をする中でだんだん健康の大切さを痛感するようになりました。

振り返ると、私は仕事をそれまでお給料や待遇、その時の自分の状況でできることなどで選んできました。正直、仕事中の仲の良い同僚とのおしゃべりや仕事が終わった後の時間が楽しみでした。でもそれは「健康」があってこそ。病気になる前に、病名がつく前に自分でできることがあるかもしれない。という考えをだんだん持つようになりました。

仕事に対しても、なにか人の役に立ち、自分の考えを仕事に入れることができるのかと、考え直すキッカケになった出来事がありました。その当時事務員で働いていた保険会社で、営業の方から「是非私と一緒に営業として行かないか」と誘われたのです。

それまで一般事務としか働いたことがなかったので、困惑して断りましたが、何度となく誘われました。「あなたは人と話すことが向いている」という言葉は、夜眠るときも思い出すことがありました。

そして、その当時の支店長に「もしできなかったら事務に戻す」という約束を取り付け、初めて営業という職業につきました。自分で決めたルールは、仕事は9時から5時までに終わる様に工夫をするということです。

次の月から営業としての研修を毎日受けました。何もかもが新鮮で、知らなかったことばかり。お客様への最善と思われる提案を考え、受け入れてもらえることを毎日考えました。理論が必要だと感じたので資格をたくさん取り、半年後は若手のなかでトップクラス。仕事が楽しくなっていきました。

しかし、その頃から原因のよく分からない肌の疾患に悩まされていました。何軒もの皮膚科に行きましたが、「大人アトピーかもしれない」「脂漏性疾患かも」「アレルギーだと思う」など医師の見解はいろいろで、ステロイド系の塗り薬や内服薬などで症状を抑えていました。治ったと思っても、季節の変わり目や体調などの変化でまた炎症が起きて、その繰り返しで本当に嫌でした。

しかも顔なので目立ちます。目の周り、口の周り、顎から首にかけて痒みが出てきて、切れて出血し跡に残ると、精神的にもネガティブな気持ちになります。おさまっている時だけが幸せでした。

いろいろ調べていくうちに、美容（肌）も健康（身体）も原因は同じで、美容イコール健康かもしれないと気づきました。将来は自分と同じような悩みを持つ人のサポートができる仕事がしたいと夢を持ち始めました。

その後、すごく良いと思い、愛用していた健康食品との出合いで、身体の不調が少なくなり、肌が落ち着いてきたのです。

「そうだ！　この商品を扱って、私の体験をお話しして、困っている人の悩みを解決できたらいいのに。そして場所は友人も住んでいることで安心感もある仙台がいいのでは？」と空想から始まりました。段々と強く思い始め、夢を実現させたいという気持ちが募り、ついに仙台に引っ越したのです。

それからはまず生活費のためにアルバイトをしながら、空いている時間は友人に手伝ってもらいながらいろいろ準備をし、少しずつお金を貯めていき、半年後小さなお店を開業しました。

本当に小さいお店でした。でも設計図の段階から何度もレイアウトを考えたり、格安で手に入れた椅子やテーブル、飾り棚に自分が思ったように商品を陳列したり、好きなお花を飾り、自分もエプロンなどをしてウキウキしていた思い出があります。小さい時にお店屋さんごっこが好きだった時と同じでした。

予算などありませんので、毎日仕事の後に手作りのチラシをポスティングしました。そのチラシを持って来店されたときの嬉しさは格別でした。

待っていてもそんなにお客様はいらっしゃらないので、電話で注文を受け付けて配達。時間指定ができなかったので、空いている時間に行くのです。それでも待っていてくださるお客様のありがたみを知ったのもこの頃でした。配達のときに励ましてくださったり、お菓子をくださったりするお客様。ご来店の時にお友達と一緒にいらっしゃることも有り難い。お客様の輪が広がっていきました。

大変なことはたくさんありましたが、段々お客様が増え、売上もどんどん増えました。考えの一つひとつが形になっていくようで、そして人のために自分が役に立っている感じがとても嬉しかったです。

しばらくはただ楽しく頑張っていたのですが、全てが勉強不足、経験不足でした。計画不足の仕入れ、勧められるままに店舗を増やす、知人の保証人になる…などなど。一度資金繰りが崩れていくと、どんなに頑張ってもなまじ広げた分もあり、火の付いたように経営が悪化していきました。

今考えると、経営とは言えない状態だったと思います。開店から2年後、ついにどうにもこうにもならなくなり、店を閉めることになりました。

気に入っていただいたお客様の期待や信頼を裏切って、本当に自分が情けなかったし、夢がまた消えていく悲しさでいっぱいでした。そして、長年飼っていた愛猫だけは大切にして、ほとんど全て売払いました。

人生のどん底から再出発 ――揺るがない想い――

それからは借金返済に追われる大変な日々でした。もう何も大それたことは考えず、夢も見ずただ目の前のことだけ考えて働こう。

その後、就職したのは、エステサロンを併設し、商品は遠くのお客様へ通販をする会社でした。電話でお試し商品を求められたお客様に、根本的なお悩みをお聞きするカウンセリングをする仕事です。

これは今までしてきたことが本当に役に立ちました。顔が見えない方からお悩みを伺うことは信頼していただけないとできません。しっかりお客様と向き合って誠実に話を聴くという、自分でお店を開業したときに得た、ゼロから一人ひとりお客様になっていただいた経験が活かされました。

会社では、耳にハンズフリーの機器を付けて朝から長時間、毎日毎日、たくさんのお客様に全神経を集中し、お話しをお聴きして、誠実にアドバイスをさせていただくことの繰り返しでした。経済苦で始めた仕事でしたが、今考えると相当勉強になり、ものすごくスキルアップになりました。そしてまた美容と健康を通して、困っている方の役に立ちたいという思いが湧き上がってきたのです。

2年後、会社が方向性を変えることになり、お客様への対応も違う方向性になりました。それは私がやってきたこととは大きく違うことだったのです。ずいぶん信頼をいただいていましたが、迷った末に退職することに決めました。

以前の私と同じように、「お肌とお身体に悩みがある方のサポートをして、役に立つエステサロンを仙台に創りたい。無理な勧誘やマニュアル通りの接客ではなくて、一人ひとりのカウンセリングをしっかりと行い、心に寄り添い、結果にもこだわる、自分をもっと好きになる、そんな今までなかったエステサロンにしたい。」という思いが湧き上がってきたからです。

20代での夢は儚いものでした。30代での夢は地に足がついてなかった。この時、私は42才になっていました。今度こそしっかりと夢を形にすると決めました。扱う商品を、何社も何社も吟味しました。納得できる商品を自信を持ってお勧めしたいからです。

そして、海外のブランドを扱う素晴らしい会社をみつけました。トップの考え方、ビジネスの展開の基礎。商品の良さ、教育、何よりもお客様と一緒に頑張る仲間との関係を作れました。

美容の知識だけではなく、長期間に渡る人体の勉強、カウンセリング、経営の勉強。そして扱う商品がヨーロッパのブランドなので、フランスには5回、南フランス、南アフリカ、イタリア、スペインなどへ赴き美容研修、ハワイなどでの会議も含め海外研修は毎年のようにありました。

美しい景色、芸術的な建造物、一流のホテル、食事を楽しむこと、各国のスパの体験。また国によって違う、美に対する考え方、国民性、マナーや常識などを知ることで、また日本の良いところも理解できました。この会社に出会っていなければこんなに海外には行っていないと思います。学んだことが多く、感謝しかありません。

最初は、住居しているマンションの一室を工夫して個人サロンから始めました。初めて小さなお店を開いたときのように、お客様ゼロからのスタートです。

またなにもかも予算などかけられずですから、手作りでチラシを作り、裁断機で切って、ポスティングにつぐポスティング。一人、また一人と来ていただいたお客様を大切に心がけました。

遠くのご年配のお客様には、大きなバックにお手入れセットをいれて訪問してエステ。そのうちに少しずつお客様が増えてきたので、2年後、マンションの中の1番広い部屋に移り、スタッフが1人2人と増えました。順調に上がっていく売上を見ながら、少しずつ広告なども出せるようになり、海外研修もこの頃から始まりました。

その後マンションのオーナーが変わり、取り壊しが決まりました。近くにちょっと広すぎるけれど立地が良い路面店がたまたま空いていたので、直ぐ交渉し引っ越し。サロンができあがった日は心から嬉しかったです。

そしてその機会に法人にし、今年で決算13期目です。マンションの一室からは19年目になります。立ち上げた当初1年間はほぼ休まず走ってきました。大変なことがたくさんありましたが、商品、お客様、スタッフに恵まれてきたと思っています。

特に店長は務めて今年で15年目になります。会社の名前を決めるとき、店を移転するとき、新しいことを起こす度相談をし、心強い存在で感謝しています。もっと恩返しをしようと思っています。

どんな状況でも、何歳でも挑戦はできる！

1番大きな出来事は2011．3．11の東日本大震災です。あの日は店長と仙台から北に15㎞くらい離れたスポーツクラブ内のサロンにいました。私は業者と商談中、店長はお客様の施術中でした。あんなに大きな地震は本当に生まれて初めての経験で、とにかくひどい有り様でした。

本店は仙台駅の東口近くですが、スタッフにもサロンにも携帯が繋がらず、私、店長、女性の業者さんの3人で、みんなの無事もなにもわからないまま、ひたすら駅を目指しました。幸い、途中携帯が繋がり、お客様とスタッフの無事を確認して戻れました。その日は余震が酷く、3人で県庁に避難して事なきを得ました。

次の日の朝、サロンにいくと、そこまで被害は大きくありませんでした。幸運なことに向かいのガソリンスタンドが緊急車輌指定のスタンドだったようで、昼には電気が来るようになり、水も出ました。都市ガスはその後1か月止まりましたが、サロンはプロパンでしたのでお湯も出ました。

スタッフのマンションの方が酷い被害でしたから、2、3日はサロンに寝泊まりです。サロンにはベッドがあり、シャワー設備もありますので疲れた身体を癒せました。

次の日からお客様全員に安否確認のお電話を始めました。その時にほとんどのお客様からシャワーを浴びたいとお願いされたのです。「そうか、お湯が出ないから皆様困っている、サロンは幸いにも使えるので役に立てる」と思いつき、安否確認後、シャワーへの呼びかけをしました。お客様の家族やご友人も良いですと申し上げたので、それからは毎日赤ちゃんや子どもさん、ご家族連れが順番で来られ、喜んでいただけました。

サロンの再開の見込みはずっと先だし、運良く役立てることができて良かった。そうだ！　シャワーの待ち時間に、温かいスープとお菓子があったら嬉しいかもしれないと思いつき、2日おき位に大型スーパーに並び材料を購入し、毎日スープを作り振る舞いました。

私としても何かをして気を紛らわしたかったこともありましたし、たくさんの方と言葉を交わしたり、お礼を言われたり、笑顔を見ることが救いでした。

お客様様から無料では逆に気を使うからとおっしゃっていただき、シャワーとスープで500円頂き、その後落ち着いた頃、日本赤十字社に寄付させていただきました。そんな毎日がほぼ1か月続き、東北が少しずつ復興してきました。

あれから10年。あっという間でもありますが、震災後すぐに信頼できるパートナーに出会い、結婚。結婚生活も様々な勉強であり、10年という感慨があります。

そして去年、2020年の春からは誰もが予想していなかった事態になりました。新型コロナウイルス感染が一気に世界中に広がったのです。日本も例外ではなく、何が起こっているのか情報が錯綜する中、把握する間もなくコロナ禍に巻き込まれていきました。

仙台も緊急事態宣言が出され、飲食を始めサービス業に休業要請が出されました。もちろん安心、安全が第一ですが、いつまで休業すれば良いのか、時短営業もいつまでなのかわからないまま、みるみる売上も一気に落ちていき、先が読めない闇の様な気持ちになりました。

ただ私がとても気に入っている、その前の年から扱いだした化粧品が、少しずつお客様の心を掴み、いい感じになってきたところでした。サロンには行けないけれど化粧品は送って欲しいというお声をいただき、通販のような感じになって、とても助かりました。

そして、その化粧品会社がメインスポンサーである世界4大大会の1つ、「Mrs. global Earth」というミセスコンテスト宮城大会に私が出場することになったのです。コロナが少し収まってきた夏に宮城大会が開催されました。

それまで全く知らない世界でしたが、ビューティキャンプというファイナリストのための様々なレッスンが受けられるというメリットがあります。姿勢、話し方、マナー、心理学、ウオーキング、カラー診断、メイク、スキンケアなど女性であれば学びたいことばかり。リモートが大半でしたが、本当に勉強になりました。

最初、「Mrs. global Earth」という大会は、第1回大会だし記念になるし、軽い気持ちで出たらと周囲から勧められましたが、出るに至っては相当悩みました。私は一対一のお話は得意で好きなのですが、大勢の前で何かをするとか、お話をするなんてとてもできないと思ったからです。

最初に書いたように、小さい頃からの内気は大人になっても全く治ってなく、あがり症と言うか緊張症が悩みでした。それを人に悟られない様に注意して生きてきました。

サロンでの私の役割はあくまでお客様を輝かせる黒子の様なもの。それで良いと思っていたのです。ただ、コロナ禍の暗いニュースの中、明るい話題として、家族、スタッフ、お客様に背中を押してもらい、思い切って出ることにしました。

練習、努力はしたつもりでしたが、宮城大会ではやはり緊張してしまい、あんなに応援されたのにと自分にガッカリしました。しかし、準々グランプリをいただいたことで、一念発起して自分の弱さやかっこ悪さにしっかりと向き合い、今までしていなかった努力をし、2ヶ月後の日本大会に全力で挑みました。

そして当日。とても晴れ晴れした心境で、自分を出すことができました。まず楽しかったです。写真を見ると顔が全然違っています。年齢を重ねてもまだまだ知らないことが多いですね。

そして苦手なことを避けてしまってばかりだと成長は難しいと気づきました。去年、「Mrs. global Earth」に出たことは私にとって勇気を出しての挑戦でした。自信に繋がりました。今回この本に応募してみようと一歩前に出られたのも、その出来事があったからです。

起業するでも何でも「迷っているなら挑戦してみたら」「ほんの少しだけ勇気を出して」「そんなに取り返しがつかないことは少ないんだよ」「間違ったらまたやり直したって良い」と、今度は背中を押してあげる人になるつもりです。

これからも一度しかない人生を精一杯楽しんで、ご縁を大切にし、少しでも人の役に立つことを経営の基本として進んで行きたいと思っています。

そして縁側で幼い唇を尖らせながら本を読んでいた少女に、人生は最後まで結末のわからない、世界にひとつだけの自分だけの最高の本だよと教えてあげたい。

最後までお読み頂きありがとうございました。


田口久美子さんのInstagramからのお問い合わせはコチラ ――

苦手なことを避けるのではなく、
勇気を出して挑戦するしか
成長はない。

創業90年になる老舗パン屋の3代目だからこそ乗り越えてきた数々の試練と葛藤

スイーツ店経営
株式会社らマルキ代表取締役
小島るみ子

1973年東京都出身。大学卒業後に製菓学校を卒業し、老舗のパン屋が経営するスイーツ店らマルキに入社。1989年4月に東京都葛飾区にオープンしたスイーツのお店である「ら・マルキ」のシェフとして特訓を積み重ね、3代目として家業を継ぎ、40歳の時に葛飾区立石で2店舗目をオープン。地域の方々に支えられ、今では創業90年になる。

創業90年！ 老舗のパン屋に生まれた宿命

北海道出身の荒井喜太郎と茨城県出身の荒井富久美、この夫婦が昭和6年、今から約90年前にマルキパンを創業。娘が2人生まれ、その妹の洋子が結婚。旦那の憲一を婿養子として迎え入れ、マルキパンを継ぎました。そこに生まれた長男の重富と長女るみ子。1973年に私はこの家で生まれました。

場所は東京都葛飾区立石。近年、昔ながらの飲み屋街として有名です。呑兵衛の聖地としてテレビの取材で取り上げられることが多く、東京で下町情緒が残る数少ない街となりました。

この立石に家族4人で工場兼店の2階に住んでいました。パンを分割するリズムのある音。パンを焼く香り。掛け合う声。毎朝この音と香りで目覚めます。

丁稚奉公の従業員もいた時代。たくさんの従業員に囲まれ、面倒をみてもらっていました。いつも周りには働くおじさんおばさんお姉さんお兄さんでいっぱいでした。脇目も振らず、朝から晩まで働くことが当たり前の中で育ちました。

「いつもパンとケーキに囲まれて、るみちゃんはいいなぁ。」と友人から羨ましがられましたが、私は不思議でした。なぜなら現実は、みんな家族一緒で楽しいはずの土日に両親が忙しく、どこにも行けないから。手伝いでお菓子の箱を折らされ、袋に詰めさせられます。手が遅いと、「頭を使って早く出来るようになりなさい」と叱られました。

学校の運動会では、両親は私に手を振ったら即帰宅。楽しい家族とのお昼のお弁当は友人のお母さんが誘ってくれるか、寂しく教室で食べるかどちらかでした。参観日、やっと来たかと姿を確認して手を振る。が、もう一度振り返るとすでにいません。運動会も参観日も大嫌いでした。全てが店のため。しかし一生懸命働いている両親に文句は言えませんでした。

どんな時でも一緒にいてくれるご両親に憧れを抱いていました。幸せそうに見えたからです。そこで私がない知恵を絞って考えたことは、〝友人の両親に面倒見てもらおう〟でした。

「るみちゃんの笑い声はみんなを幸せにするよ。」と温かく迎え入れてくれた友人宅。週末はそこにお泊まりをして、普通の家庭の週末を経験させていただきました。当時は自分の両親が面倒を見てくれなくても、別に寂しくありませんでした。

「るみちゃんは自転車乗れないのか？　じゃあおじさんが特訓してあげよう！」

乗れた時の嬉しさは今でも甦ります。

「るみちゃん、この虫の足とって！　知らないの？　いなご。おばちゃんがおいしくしてあげるから食べてみなさい。」

知らないことをたくさん教えていただきました。毎日毎日笑って過ごしました。時には真剣に怒ってくれました。私の人格形成にはその家庭からの影響が大きく関わっています。今も本当に感謝しています。この頃からすでに、自分と真剣に関わってくれる人が大切で、気持ちをかけていただいたら返したいという思いが芽生えていたと思います。


それから、創業者である私の祖父と祖母の家にも頻繁に行って、いろいろ面倒を見て貰いました。祖父は私が2歳の時に半身付随になり、話すことも歩くことも困難で、毎日リハビリ生活。

祖母は毎日何処かの商店の奥様達の集まりに出掛けて不在でした。祖父のお昼ご飯も忘れて夢中でおしゃべりしていた時もありました。そうすると祖父が私にミッションを下すのです。「おい！　ここに電話していつもの頼んでくれ！」と。カタコトで、3．4回言ってもらってやっと理解できます。小学生の私が、蕎麦屋に電話して出前を頼んでいました。変な小学生ですね。

さらに、祖父の下の世話もしました。我が家でそれは1番ヒマな子どもの仕事でした。今の時代なら、幼児虐待で通報されるかもしれませんね。しかし、ミッションはそつなくこなしました。困っているのでしょ？と。

お腹が空いて訪ねたのに祖母が不在だった時は、冷蔵庫を開けて食べられそうな物を口にしました。そしてたびたびその日の晩にお腹を下しました。

「あんた！　また変なもの食べたでしょ？」

我が家では、お腹を下すことは、自己責任であると判断され、叱られることになっていました。それ以来、何か食べる時は、状態をよ〜く見て、臭いもよ〜く嗅いで、食べてみて、ピリっとしないか、臭くないか、それから食べることにしました。今思えば、そんな家庭はかなり問題です。しかし、我が家は食べ物屋なので、食べ物を粗末にできなかったのだろう…と思います。

皮肉なことに、その小さい頃の教育？が、私の舌を成熟させました。「あら、この子、よく味がわかるわ」と不思議そうによく言われましたが、それは祖母のズサンな冷蔵庫から出来上がったものだったのです。

食べ物に関しての教育でもうひとつ。「美味しいものばかり食べさせない。美味しくないものも食べないと美味しいもの、高価なものがわからない。」ということ。確かに、どちらも食べていた記憶があります。

見た目でわからない野菜の味の違いを説明されたり、季節の物を食べたり、どこでどのように生産されたのかなど。あまりわかりませんでしたが、ふーん…となんとなく聞いていました。それから、ご飯の盛り方、お皿の飾り方、箸の置き方、持ち方、食べ物の色の見せ方、なども厳しく教えられました。今考えてみると、バランスの悪い教育です。どちらにしても良い方に作用しているから不思議です。

そのような幼少期を過ごしましたが、大学に合格し、ワシントン州に留学もさせてもらいました。その留学で培ったことは、〝知らなくても恥と思わない、ビビらない、怯まない、何でも楽しむ〟そして、留学先で生涯の友人達に出会いました。兄弟のように喧嘩しても仲良し。出会って30年。未だによい仲間達です。

留学中のお小遣いは両親が仕送りしてくれていました。…がしかし、仕送りの事実を帰国後に聞かされ、ショックを受けました。そのお金は小さい頃からお年玉を趣味のように溜め込んでいた自分の貯金だったのです。どれだけの額だったかは定かではありませんが、当時バブル絶頂期。相当な金額が溜まっていたことは記憶にあります。

大学卒業後、製菓学校を卒業して、すぐに家の会社に入りました。当時テレビチャンピオンという人気番組にも出演した腕のいいシェフと長年のキャリアあるシェフ2人に特訓され、26歳でトップになりました。

毎年かなりのケーキを売るクリスマスには、プレッシャーで押し潰されそうでした。パティシエとして25回以上過ごした今でも、クリスマスはプレッシャーを感じます。売れるかな？　ミスはないかな？　アクシデントはないかな？　かなりの長時間労働になるので、体力も知力も落ちていて、そんな時に発生するハプニングは通常より打撃が強く感じます。

しかし、ここで活きるのが留学生活で培った、〝知らなくても恥と思わない、ビビらない、怯まない、何でも楽しむ〟です。何より周りの従業員に焦っている私を見せたくありませんでした。見られたくないと言うより、伝染しちゃいけない。その一心で何があっても落ち着いて、冷静に見せました。しかし内心はかなりいつも焦っていました。

母と私 ―― 早過ぎる別れで学んだこと ――

私を語るには母の存在は不可欠です。繊細な人で、周りからは太陽のような人。笑うとひまわりのようでした。そんな表向きの母とは逆に、弱い母もいました。

私が小さい頃、母は宗教にはまり、いつも家にいませんでした。そして何回もその宗教に連れて行かれました。私にはよくわかりませんでしたが、偉い人がいて、ハイ…ハイ…とだけ母が言っていたのを覚えています。

その頃、母はよく泣いていました。いつも「お母さん、わたしのせい？」と聞いていた記憶があります。そんな母を見て、私が笑わせてあげたい、といつもそばにいてあげました。悲しい顔は見たくなかったから。守ってあげようと思いました。

宗教にはまった母は、家を空けることが増えました。私は母を助けるべく、不在の母の代わりに家事全般をやりました。当時はGoogle先生もいません。教えてくれる人がいなかったので、何でも自分で考えてやりました。そのうち祖母2人からの攻撃を受けるようになりました。

「お母さんどこ行ったの⁉　何もやらないで！　いつものところでしょ？」

「知りません。わかりません。」

「知らないわけがないでしょ⁉」

「おばあちゃん自殺するから！」

どーしよ…どーしよ…おばあちゃん死んだら私のせいだ。何もできずに、ただ泣くしかできません。とんだとばっちりでした。

しかし、宗教を憎んだことはありません。母は何かにすがらないと生きていけなかったかもしれないから。母には宗教があったから、命を長らえたのかもしれません。宗教の選択の自由は人を充足した生き方に変えることもある、と私は今も思っています。

そんな母は私が35才の時、60歳で他界しました。透析になり、辛い毎日から解放されたかったのだと思います。外出外泊許可も出ず、入院生活6ヶ月を越えた頃、母は医療拒否を提案してきました。心身ともに憔悴しきっていたのでしょう。

「ねぇ、るみ、いいかな?」と、決定権を私に委ねました。

それからすぐに病院の担当医と話しました。

「あなたお休みありますよね。母は休みなく毎日病気と闘ってきた。うちに帰りたい、ネコに会いたいと懇願していたのに、2時間の外出も許さなかった。患者だってたまには休みが欲しいと思います。もう結構です。」と病院を出ました。

それから3週間。バカな私は頑張れば生きられると思い込んでいました。

「一緒に頑張ろう! みんなを見返してやろう! 理解されないならこの家を出て2人で暮らそう! わたしが守るから!」

その状態をひたすら隠しました。罪悪感でいっぱいでした。こうして母の命を預かった、ちっぽけな私には結局何もできませんでした。そして母の命はあっけなく終わりました。それから3年以上自分を攻め続けていました。

死に際に母が自分に対して言っていた、「頑張って頑張って」という言葉。最期に私に残してくれた、人生最期まで思い出す言葉だろうと思います。大事な母との命の闘い。忘れられない濃密な時間でした。闘うこと、負けないこと、強く生きること、頭には最期まで仕事一番。母は自分の命をもって、絆が大切なことを教えて、この世を去りました。

死を乗り越え、さらなる試練の始まり

母が亡くなり、すぐに会社の業務がのしかかってきました。ケーキを作りながら、母の業務を引き継ぎました。あまりにも急ぎすぎた母の死を受け入れられず、たまっていく一方の事務仕事に、「もうできない！」と泣きました。冷静さを完全に失っていました。

この時支えてくれたのは、近くの金物屋〝釜亀商店〟のおばちゃんです。ウチと同じく古くから商売を営んでいる方で、創業１００年以上にもなります。私が幼稚園の時の母のママ友で、母の最期の時もたくさんお世話になりました。強く逞しく、優しい。常に何か

あれば頼りにしています。時に厳しく叱ってくれます。

この時は、「あなたなら出来るから」と叱咤激励され、彼女のお影で気が付いたら乗り越えていました。感謝してもしきれません。一生涯このご恩は忘れません。このように、私に降りかかってきた全ての物事が私を強くしてくれたのだと思います。

母が亡くなって何年もの間、この経緯は話したくありませんでした。しかしある日、立石の有名な執筆家ターザン山本さんとお話する機会があり、彼に母の話をしたくなったのです。

「ほう…素晴らしいね！　君のお母さんはサムライだね」と言葉をいただきました。

私は何年も自分を責めるだけでした。母の気持ちを尊重するという、これでよかったと思ってあげることが本当に母を思うことだったのです。マイナスに考えるだけでなくプラスに持っていくと自分が楽になり、相手も許せる、そして先が見えてきます。ターザンさんの言葉から、発想の転換が人生の岐路には必要であるということを教えていただいたと思います。

そういうことか！　悩んでいた自分が嘘のように晴れ渡り、店が大好きだった母の分まで自分が頑張ろう！　と店の業務にさらに精を出しました。

店舗がある葛飾区立石は、昔から飲み屋街で有名な駅で、たくさんの商店があります。生まれた時から使っている立石駅の降り口は暗くて嫌いでした。
ある日、駅を降りて直ぐの所にテナントを見つけたのです。「そうだ、ここにキラキラした灯りをつけよう！　自分と闘うため40歳、2度目の結婚なんか絶対にしない！」と支店を出すことに決めました。

店の3代目として、意識がかなり変わってきました。駅前に出店すると、たくさんの方々からエールを頂きました。
毎日様子を窺いにくるお客さん、近くの商店のおじさんおばさん、立石にはたくさんの商店があり、たくさんの先輩方がいます。70、80歳でも元気に商売しています。特に女性。足を引きずりながらも、明るく元気に店を背負って頑張っています。長年営業している老舗大御所のママには後光が差しています。
「商売はあきないって言うんだ。頑張れよ」（宇ち多゛のお母さん）
「ママ（私のことです）のお母さんになってあげる」（江戸っ子のママ）
「るみちゃんに膝掛け作ったの」（古くからのお客さん）
「どうしてる？　大丈夫？　元気？」「頑張ろうね」（飲食店のママ）

とみなさんから温かい言葉を頂きます。たくさんのエールを頂いて、温かい施しもいただいて今の私がいます。「食べてね」といただく施しは本当にこの上ない幸せで、母のような温かさを感じられる瞬間です。私はその大先輩を目指して、これからも商売をやり続けると思います。

とにかくカッコいい！　何度もいろんな壁にぶつかってきたでしょう。しかし立派に継続しています。憧れの方々が近くにたくさんいます。彼女達に負けちゃいけない、とひたすら頑張りました。順風満帆に見せなきゃと笑顔で頑張りました。けれども努力虚しく、業績は思うようにいかず頭を抱えるようになってきました。

あまりにもお金が回らなくて、友人の誘いは全て断りました。切り詰めて、切り詰めて、生活するようになりました。ドラッグストアでトイレ洗剤売り場の前に立って、買うか買わないかを考え、中性洗剤で十分！　たった３００円を諦めたこともあります。自宅の台所の給湯器が壊れましたが、水でなんとかすごせる！　と1年半我慢しました。今では考えられません。

パン屋には父と兄が働いています。私ひとりだけケーキ屋担当です。誰にも言えない日々が続きました。ここで起死回生出来なかったらもうおしまい！　自分が逃げないために支店を出したのです。

私は必死になり、商売をゼロから考え直しました。材料のこと、商品のこと、従業員のこと、お客さんのこと、続けるか続けないか…。そんな時に、私の状態を知っているかのように、必ずお客さん、友人が言葉をかけてくれます。

「こんなに美味しいケーキ作れて凄いね」

「変わらずずっとここにいてください」

「大きくなったらここで働きたい！」

「あたしはあなたと母以上に努力家を知らない」

「マルキとるみ子のこといーっぱい自慢したい」

続けなくちゃ！　お客さんのために、自分のためにも頑張らなくちゃ！　何よりここを起ち上げた祖父と祖母にも申し訳が立たない。負けちゃいけない！　母が亡くなる前に何度も何度も言っていた〝頑張って頑張って〟がこの時、頭の中をグルグル何回も回っていました。

ずさんにやっていた数字は、人の問題も自分の会社中心に考えるようにしました。自分を守れないで従業員、人は守れない、と大革命を起こしたのです。

従業員から「人が変わった」と言われました。何人にも逃げられましたが、自分を守るため、強硬手段に出ました。私はこれしか出来ないから…しがみつく思いでした。なんとか毎日を過ごしていました。がむしゃらでした。

そのうちに少しずつ軌道に乗ってきました。

商売の神様は笑う人に寄ってくる

その頃、近くの居酒屋の料理人さんのことが気になりはじめました。始めは訳がわからない感じであまり好きじゃなかったし、興味がありませんでした。しかし、あまりにも逸材すぎる存在感が光っていました。

駅前店出店で立石駅出口前の店頭にいると、出口からヒョイっ！　と現れる宇宙人…すごく不思議な人でした。我が道をゆく、人の評価を気にしない、自分を大きく見せない、フルマラソン走った後に仕事する、極寒の冬も一年中週一回サーフィンしたい、6時間サーフィンをやり続ける、自転車担いで富士登山。変人でした。いつも元気に走っているイメージ。頭の悪さがチャーミングにも見えました。

私は一度結婚に失敗しているので、生涯結婚しないと決めていました。結婚の意味がわからず、本当に痛かった。もう結婚はしないはずでした。

しかし彼に恋をしました。恋に落ちたら、すぐに結婚したくなってしまいました。彼と一緒に店の仕事をしたくなったのです。彼と一緒に、より良い会社を創り上げたいと思いました。

かなり大きな問題の山がありましたが、その後、私達は無事に結婚しました。それから脇目も振らず、彼の実家にも帰らず、一生懸命働きました。現在も相変わらずハードな毎日ですが、古い機械を新調したり、古い場所を修繕したり、あっさりとできるありがたさをひしひしと感じています。

私は仕事が一番大事で、家の仕事は二番。あまりにも忙しいと店に18時間以上いることもあります。彼は理解してくれて、尊重してくれます。自宅が汚くても一切文句を言いませんし、晩ご飯も無理な時は何でもいいよと言ってくれます。

そして、いつも私に決定権をくれます。時々八つ当たりもさせてくれて、父の面倒も見てくれます。そして一生懸命働いてくれます。私は頭担当、彼は体担当。すごく理想的なパートナー。だからご褒美もたくさんあげるようと努めています。お酒と美味しい物と海とプール。変人で強人の彼。年老いても共に商売をして、人と関わっていきたいです。会社も私も支えてくれているので、大事にしていきたいと思います。

昨今のニュースで、女性差別問題がよく取り上げられています。確かに別視する人もいます。でも気にしないで、ただただ仕事に集中しましょう！

仕事は自分との闘いであり、誰かと闘うことではないと思うのです。5年前より、3年前より、去年より今の自分！　そのうち、そんなバカな人も周りにいなくなるはず。相手にするから寄ってくることもあると思います。

それから女性側の思い込みも若干あるように思います。若い時は特に男性に負けたくない！　と頑張ってしまいます。力も体力も負けちゃいけない！と。しかし、男性には到底敵いません。戦うところはそこではなく、もっと長い闘いと考えるべきです。

男性は生まれた時から、仕事は一生続けていくことだと疑問もなく受け入れています。長い年月をかけてキャリアも信用も積んでいきます。一方の女性は、結婚、育児もあり、家庭の都合もあり、いろいろな仕事に就きます。

仕事を変えていくのではなく、これ！　というものに取り組んでみたらどうでしょう？いろいろたくさんできる方は、まずひとつのことに集中してやってみたらチャンスはたくさんあるかもしれません。休み休みでも、同じような仕事をやり続けることで、キャリアも信用も積み上げられるのではないかと私は思います。やらないで人生に文句を言っていることが一番下らない生き方ではないでしょうか。

私は起業をお考えの女性皆様に、ぜひ起業をお勧めしたい。起業すれば自分の考えたことが必ず実現でき、全て自分の思い通りになります。

もちろん、そこにはリスクも責任もあります。全てが自分の責任の上で成り立っているということ、従業員の出来不出来も、売り上げも将来性も全てが自分の責任です。

我が子が自分の分身と感じることと同じように、我が社も自分の分身であると考えています。だから手段と攻略をいつも考えています。『商売はあきない』飽きさせてくれない。これでいいという終わりもない。これからの時代、我が社も良くも悪くもどんな形に変化していくかわかりません。

しかし自分の会社を愛することに変わりはなく、生涯共に歩んでいくと思います。こんなに素晴らしい場所に私を産んでくれた父母に感謝します。私に与えられた使命は必ずこなしたいです。

仕事を中心に生きている女性達、起業している女性達はホントに強い。強くて可愛い。そして前向きな人がほとんど。下らない文句と人の悪口は言いません。例え話をしたとしても、文句も悪口も楽しい話にしてしまうのです。

そして、よく楽しい話でゲラゲラ笑います。すると商売の神様が寄ってくるのではないか？と考えて信じています。一生懸命な人はキラキラしていて素敵。まだまだ発展途上の私です。プライベートでも仕事でもたくさん勉強して、自分の厚みをだして生涯磨いていきたい。
女性には、いろんな選択肢があります。何がいいはなく、もっと大きな社会へ出てみると、小さな自分に気付かされるかもしれません。無限の力と能力に自分の可能性を信じて！

小島るみ子さんのInstagramからのお問い合わせはコチラ ——

あなたへ贈るメッセージ

一番下らない生き方は、
やりたいことをやらないで
人生に文句を言って
行動しないこと。

延べ5000人以上のサロンオーナーを見てきて感じる美しい女性の働き方と在り方

エステサロン及びスクール経営、化粧品開発販売事業
株式会社ウェルフィット 代表取締役
林ゆうこ

1980年生まれ。大学卒業後、大手エステサロンに就職。その後はエステ会社を数社経験し独立。現在は2人の子育てをしながら、エステサロン経営・エステスクール運営・エステ業務用化粧品の開発販売を手掛ける。SNSを通じて日本だけではなく世界中延べ5000人以上のサロンオーナーがスクールを受講している。

二児の母が「起業」をオススメする理由

女性起業、というとすごく敷居が高いように感じると思います。私は大きなことを成し遂げているわけでも、壮大なビジョンがあるわけでも、そして桁が違うような収益をあげているわけでもありません。

多くの女性と同じような二人の子供がいる、ごく普通の家庭の母親です。私はぜひ多くの女性に、自分で会社を立ち上げて仕事をすることにチャレンジしてほしいという想いがとても強くあります。

女性に限ったことではありませんが、どうしても、家事、育児、介護等、仕事以外の部分で負担が大きくなります。結婚で仕事のスタイルが変わることはありませんでしたが、妊娠・出産が大きなターニングポイントになったことは事実です。

私はエステサロンの店長として勤めていたので、子育てをしながら同じ仕事のスタイルを続けることが想像できませんでした。そして、妊娠をして、子育てをしながら仕事を続ける方法を考えたときの選択肢が「起業」でした。

実際、この選択は最善だったと思います。今は会社を二つ経営、小さいながらも社員やスタッフを抱え事業をやりつつ、普通の母親として子育てに日々奮闘しています。仕事にやりがいを持ち、かつ、家族とも楽しく過ごす、とても充実した日々を過ごしています。女性の起業という選択肢が多くの方にもっと選ばれるように、これからの私の話が少しでも役に立てばうれしいです。

大学を卒業してすぐ、エステティシャンという仕事を選んだ1番の理由は、女性が実力で評価される仕事だと思ったからです。また、コンプレックスだった体型が、エステサロンに通って変化した影響も就職先を決めた大きな理由としてあります。

大学を卒業したのは、就職氷河期と呼ばれる時代でした。国立大学在学だからといった恩恵は特になく、初めて社会の現実を肌で感じました。

学校生活では感じたことのない男女格差。男子は全国を飛び回り、女子は事務職で自宅から通う。仕事のスタイルを男か女かという理由で決められるという現実を、就職説明会の時点で突き付けられました。やる気や能力ではなく、男か女かというふるいで決まる事実に愕然とした記憶があります。

その時代、エステティシャンはほとんどが女性しかいませんでした。だから、エステティシャンという環境では男女差を考えることなく実力で評価されると思い、早々に大手エステサロンに就職を決めました。

国立大学を出てエステサロンに就職という状況に、「他の就職先もあるんじゃないか」と親からの反対の声もありました。しかし周囲の意見は関係ありません。私は在学中からインターンをはじめ、さらに、通信講座でエステの資格も取得しました。このエステ業界を選んだことは、私の人生において最高の選択であったと感じています。

大手エステサロンでは、カウンセリング手法や、エステティシャンとしての接客についてたくさん学びました。ここでの学びは、エステ技術だけでなく、販売、営業の一番核になる事を学べたと思っています。

その後もエステの会社を数社経験し、最後の会社ではサロンのメニュー選定や機械選び、サロンの内装提案から人事、集客まで、サロン経営に関しての一通りを経験、実践しました。

大手エステサロンでは経験したことのない、一からの集客や経営を学ぶことが出来ました。この時の経験は、経営のチャレンジの後押しに大きく関わっていると感じています。

過去の経験すべてが財産に変わる

現在、エステサロン経営とエステスクール運営、エステ業務用化粧品の開発・販売をメインに行っています。これらは私の過去の仕事の経験から繋がっていることです。ゼロから新しいことを始めるのではなく、過去の経験を活かし起業のヒントにしていく。これは事業を早く軌道に乗せる一つの方法でもあると思います。

多くのエステサロンオーナーが顧客対象になるわけですが、私自身のサロン経営・運営の経験は、当然、ビジネスの課題、ニーズも重なるわけで、過去の経験は全て糧になります。ただ、私にはエステティシャンの経験しかないので、それがウイークポイントでもあります。

私は1年間に数百人のエステサロン・リラクゼーションサロン開業希望者に出会います。もちろん、エステサロンやリラクゼーションサロンに勤務経験がある方の独立・開業は多いです。けれど、過去の職種とは変えて、エステサロン開業を希望される方が非常に多いのも事実です。

では、未経験は経験者と比較して、事業を軌道に乗せるのに大きなハードルになるか？と聞かれたら、私はきっぱり「関係ありません」と答えています。事実、私の経営するエステスクールの卒業生は未経験からスタートし、成功している方をたくさん輩出していま す。さらに売上もしっかり出している方が多いです。

仕事をうまく軌道に乗せるためのキーワードは、『自分自身や自分の経験を価値化する』というポイントにあると思います。誰しもがそれぞれに違う価値を持っているからこそ、それが一番の武器になると感じています。しかし、この一番の武器である価値になかなか気づけない人がほとんどです。

私は結果としてエステ経験が長く、それをベースに今の仕事をしていますが、エステ経験だけが成功のポイントではありません。実際、エステサロンでの勤務経験がある人が開業してもうまくいかないケースも残念ながらあります。自分自身の過去の経験をしっかりと糧にして、起業に活かすことが大切です。

私のエステスクールの講座では、時間やお金をかけて学ぶからには技術習得だけでなく、サロン開業で成功していただきたい想いがあります。そのため、授業の中で一人一人のサロン開業の方向性に沿ってのお話を入れる様にしています。

どんなメニューをどんなターゲットに向けて、そういう風にやっていきたいか。延べ

5000人を超えるエステサロン・リラクゼーションサロン経営者を見てきているからこそ、一人ひとりの受講生とのコミュニケーションの中で、少しでも多くのヒントをお伝えできるようにアドバイスするようにしています。

アドバイスする時に、過去に経験したことや、今までの職歴が今後の起業の大きなヒントになっていることがほとんどです。今までの経験はどんなことも全て起業の糧になります。もし今後、起業を考えている人が読んでくださっているとしたら、まず、今のやっている仕事、経験を大切にしてほしいと伝えたいです。

未来のやりたい事と違っていても、今の経験は何一つ無駄にはなりません。逆に、今の経験が今後の起業にどんなプラスの影響があるかという見方をしていただきたいです。

〝何で起業するか〟この明確なビジョンを作るのが意外と難しいのです。例えばエステサロンを開業すると決めたとしても、フェイシャルサロンでやるのか、ボディケアサロンでやるのか。そして、何をメインメニューでやっていくのか。例えば、ボディケアであれば、ダイエットサロンとして痩せるメニューをコンセプトとするとか。そして、その痩せるためにはどんなトリートメントをやるか、機械を入れるとしたらどんな機械を入れるか。決めることはたくさんあります。

起業したいという気持ちと、実際にやるぞと行動に移すまでに時間がかかる方も多くいます。重要な決断だと思うので、念入りに考えることは非常に重要です。間違ったことではありません。

私は現在、エステスクールの講師として事業をしています。ここで一つお話ししておきたいのは、「エステトリートメントに人一倍自信がある」というのは全くなく、むしろ逆です。技術習得がひと一倍遅く、また、技術試験にもなかなか合格できませんでした。自分の出来なさに嫌気がさして、何度逃げ出したいと思ったか、わからないほどです。

でも良かったと思うことは、「できない気持ちはだれよりもわかる」ということです。人よりできないからこそ、人一倍練習もして、できるようになる工夫もたくさんしてきて、後は経験の長さと、積み重ねでようやく出来る様になりました。

技術習得に苦労した経験が、今のエステの技術講師に大きく活かされています。得意なことをビジネスに活かすことはもちろんチャンスになりますが、苦手なことから得た経験にも、もしかしたらビジネスチャンスが埋まっているかもしれないということです。

また、ビジネスチャンスのヒントは身の回りにあることも多いと考えています。こんなものがあったらいいな、こんなものがあったら便利だなといった消費者ニーズと、そこに自分のできること、得意なこと、もしくは過去の経験、それを繋げていくと、他にはないオリジナルな商品やサービスが見えてくることがたくさんあります。

私が仕事の商品やサービスを作る時、いつも意識していることは、斬新な新しいモノを考えるのではなく、こういうのがあったらもっといいのに、というちょっとしたプラスアルファを上乗せすることです。まさにコロンブスの卵のようなもので、誰も思いつかない斬新なものではなくて、いわれたら、あぁ納得、というのを考える様にしています。

私に特技があるとしたら、このちょっとしたプラスアルファを考えることだと思います。苦手なことの方が圧倒的に多いのですが、ビジネスにおいては苦手も得意なこともどちらも武器になる事が多いので、客観的に自分の得意不得意を見られるようにしておくといいと思います。

多くのサロンオーナー様に会う機会があるなかで、自分の魅力や得意不得意が分析できていない方は実に多く感じます。そこを活かしたらもっと伸びる、そういうところを私も講座の中で気づいたら言葉でできるだけお伝えするようにしています。

いい所はいい所としてできるだけ伸ばしていった方がいいし、苦手なことも目線を変えて、いい形で活用していけばいい。大事なことはそれをきちんと自己分析し、周りからどう見られているかの客観視ができているかということです。

商品・サービスは多かれ少なかれ、似通ってしまうことは多々あります。ただ、自分という人間は世の中に一人しかいません。その最大限の自分という個性を存分に生かせるのが起業だと感じます。

仕事のモチベーションと家族の理解

〝何のために仕事をしているか〟このビジョンが明確でないと、ビジネスの継続はとても難しいように感じます。ただ、これはスタートライン、仕事始めの部分で分からなくても、仕事を進めていくなかで明確にしていけばいいと思います。

最初の継続も、モチベーションはそれこそ月商をいくらにするとか、収入を目標にすることもよいでしょう。欲しいものを買うために、生活をもっとよくするために、今の仕事よりもお給料をたくさん欲しいから。実際、自分の中でそれがモチベーションにしっかり繋がってさえいれば、理由は何でも良いのです。

ただ、収益を目標にしてしまうと、目標を達成した後、モチベーションを高くキープし続けることが難しくなります。

例えば仕事で大変なこと、辛いことがあったとき、自分の気持ちをしっかりと支えるビジョンがあれば乗り越えられることも、このモチベーションがはっきりしていないと、くじけてしまい、停滞してしまうことがあります。

実際、起業で3年以上仕事を続けている人は1割にも満たないのが現実です。だからこそ、自分のモチベーション維持というのは実に大事です。

私の場合、1度だけ、仕事から逃げ出したいと本気で思ったことがあります。まだ個人事業主で仕事をしていた時代です。

信頼していたビジネスパートナーが離れてしまったことで心が折れ、そのとき、何のために私は頑張っていたのだろうと、ふっと気持ちが切れてしまったのです。初めて眠れない夜を経験しました。利益が出ないことより、私にとっては苦しい経験でした。

その時、私を支えてくれたのは家族でした。当時、まだ長女も1、2歳くらいで、とても小さい頃。仕事がようやく形になってきて進んでいたタイミングでした。

私は仕事を確立していくことに精一杯で、当時、十分家族と向き合えているとは到底思えない状況でした。仕事の比重が大きかった私は、主人にも大きく負担をかけていました。

その状況下でしんどくなっている私を、しっかりサポートしてくれたのは家族だったのです。辛いときに支えてくれたのは、それまで私が後回しにしてきていた家族でした。私はそれまでの自分を反省し、今度は自分が家族のためにと家族時間をしっかりとるように変えました。

家族を大切にする、家族のために頑張る、家族がいるから頑張れる、私の仕事のモチベーションは家族にあります。確かに、事業は当初と比べ物にならないくらい大きくなっているし、出張も多く、母親としても十分家族と向き合える時間が取れているかというと、まだまだ至らないことの方が多いです。

でも、それでも家族と向き合える方法ややり方は絶対ある、仕事を頑張れるのは支えてくれる家族あってこそだと心から言えます。

家族に仕事を評価してもらえない、仕事に時間を割きたいけど、家事の負担が減らせずに十分な時間が取れない、という相談も多く聞きます。家庭を持つ女性の起業の成功が難しいと言われるのは、家族に仕事を認めてもらう、理解してもらうことにあるのかもしれません。

先に伝えたように、時間を自由に管理できることは、女性が仕事をするうえで大きなメリットになる半面、マルチタスクでこなす大変さと、そのなかでもしっかり仕事として成功させないと仕事として認めてもらえないというデメリットもあります。

家庭ごとに考え方が違うので、簡単なアドバイスで片付く話ではありません。しかし、私が仕事ばかりで十分家族に与えることが出来ていなかったにもかかわらず、辛いときに家族に支えてもらえたのは、仕事に対して精一杯やっている姿を認めてもらえていたのかなと感じます。

仕事で結果を出すという、仕事への姿勢は主人、そして子供も見ていてくれたのだと思います。家庭を持つ女性が、起業に限らず、仕事に精一杯向き合うことは家族のサポートが必要になります。まずはしっかりと家族と話し合うことが大事だと考えます。

私は起業を決めたすぐ、売上が立っていなくても、家庭に入れるお金を家族と約束しました。今も、教育費、レジャー費は私が担当しています。「売上を作って家計に入れる!」とコミットすることは家族の賛同をとる一つの方法だと思います。

もちろん、モチベーションや目標は人それぞれです。スタートの時点と形が変わる事も問題ないと思います。いい形で事業をスタート、継続できるようにビジョンを描いてみてください。

サロンの売り上げは、信用・信頼のカタチ

会社を継続していくうえで大きな課題は、継続して収益を出し続けることです。近年、

SNS集客という言葉をたくさん聞くようになりました。また、SNS集客コンサルティングという職種もあります。

集客とは、お客様（見込み客）を集めること、そこから収益へとつないでいくこと、そして、継続的に購入いただける顧客へとつなぐ入口です。集客は入口であって、当然、ゴールではありません。この視点を間違えてしまうと、継続して結果をつなげていくことは非常に難しいことに見えてきてしまいます。

私が最初に大手エステサロンで学んだことの一つに、『売り上げは信頼である』という考え方があります。これは、今でも私の経営概念の一つであり、この考えをとても大切にしています。

エステティシャンが売るものはエステの施術とは思っていません。『お客様の悩みを変える未来を売っている』と考えています。痩せたいと考えているお客様、肌の悩みをなんとかしたいと思っているお客様、お客様の悩みを変える未来を提供していく仕事です。私達の提供するものはサービスであり、目に見えないモノを売ります。

例えば、都度払いであれば、技術を体験していただいて、気に入っていただいてから継続していただくことができます。ただ、当時勤めていたエステサロンでは、コース契約を基本としていて、体験後10回から20回程度の回数券をご購入いただくシステムでした。金額がまとまるので、支払い方法は分割でローンを組んで支払うケースが一般的。金額が大きくなる分、お客様が初回の1回の体験で契約するには、技術が気持ちいいというだけではなく、お客様の悩みを変える未来をきちんと伝えることが契約には不可欠になります。

そして、もっと重要なことは、購入はゴールではなく、長くお付き合いいただくスタートだということです。モノではなく目に見えないサービスだからこそ、未来をしっかり提案し、そのゴールに向けて一緒にスタートする。これをきちんとお客様にご納得いただき、1回の施術とカウンセリングで信用頂かないと購入には至りません。私はこの考え方と、お客様に信頼・信用頂く未来を提示することを最初の大手エステサロンで学びました。

お客様との出会い、そして購入の段階ではスタートであるということ。そして、スタートからさらに信頼を重ねて、本当の顧客となっていただくこと。集客に関しても重要なことは、もっと先の未来を意識して、集客はゴールではなくスタートであるという認識で行うことが重要だと思っています。

今は多くの情報であふれていて、どのメニューもサービスも素晴らしいように映ります。だからこそ、商品選びはより難しくなっています。SNS集客で語られていることはこの出会いのテクニック部分で、その先の未来を見せるゴールの提示が弱いようにも感じます。

お客様はスタートではなく、ゴールを期待してサービスを購入します。だからこそゴールを見せて、期待以上の結果をきちんと提供すること。物販販売だとイメージしにくい部分もあるかもしれませんが、この価値観は物販販売にも非常に有効です。

商品購入後のフォローやアフターサービスなど、購入後の提案が提示できるかどうかが重要なキーワードになります。ただし、未来は絶対という保証がありません。だから、信用・信頼が重要になってくるのです。

SNSはお客様への信頼を重ねるツールです。集客ツールという観点ではなく、お客様への信頼を重ねるツールとして配信することで、きっと向き合いやすくなるのではないかと感じています。私もSNSを使って全国、いや世界にいるサロンオーナーと繋がり、私の考案したバザルトストーントリートメントをエステサロンで提供いただけるようになりました。受講いただいたオーナー様は全国で延べ5000人となります。

SNSというツールなしに、これだけ多くのオーナー様とは出会うことは一生かけてもあり得ませんでした。これを叶えたのがSNSであることは事実です。ただ、ネットで書かれている集客テクニックだけでは、これだけ多くのエステオーナーに直接の技術指導を叶えることはできないでしょう。

一つひとつの信頼と実績の積み重ね、それをSNSで表現できたからこその数字です。

今後の未来にはさらに違った集客ツールが誕生すると思います。ただ、根本はきっと変わりません。集客はスタートであり、私たちのサービスを提供してからこそが本当のゴールであること。当たり前かもしれませんが、そういったことが提示できるかどうかが、継続して収益を出せるかどうかの違いであると感じています。

10年近く、さまざまな女性の起業を見てきました。今は美容業界を中心に見ていますが、美容に限らず、女性が社会で活躍している姿はとても美しいです。

仕事の大きさは大小関係ありません。女性の感性で大きく仕事を広げられる素晴らしさに感動するし、家庭を大切にしながら、自分らしい働き方を見つけていくこともとても素晴らしいと思います。

ただ、誰しもが簡単に踏み出しているわけではなく、起業をやりたいと思っていても踏み出せない人は男女問わずたくさんいらっしゃいます。

起業の成功率は、現実には厳しい部分があります。しかし、一度しかない人生において、起業はチャレンジする価値のあることです。多くの女性がさらに輝ける社会が来るように、私は私のスタイルで、少しでも貢献できればと思います。

林ゆうこさんのホームページからのお問い合わせはコチラ

あなたへ贈るメッセージ

今していることが
未来のやりたいことと
違っていても、
今の経験は何一つ無駄にならない。

女優・プロデューサー・ディレクター
すべてを立ち回る27歳で起業した
エンタメ社長の生き様

エンターテイメント事業
株式会社ＭＴＵ・OSAKA Theme Park Factry株式会社 代表取締役
松田亜矢香

1991年大阪生まれ。大阪芸術大学在学中より大手テーマパークや舞台、イベントへ出演。フリーランスとして芸能で生きていくことを決意。27歳よりエンタメ会社を2社経営。現在はプロデュース・演出などで多岐なジャンルに渡りエンターテイメントプランナーとしても幅広く活動中。夢は、街をテーマパークにすること。

おもろいもんを作りたい！ エンタメのお助けマン誕生

どーも。こんにちは。このページを開いて下さり、ありがとうございます。「女性起業家図鑑」ということで大層な本に載らせて頂くことになりました。こんな人もいるんだな〜と思ってもらえたらありがたい限りです。そして、なかなか日本語が不自由で有名な私です。話もよく脱線します。感覚で読み取ってもらえると幸いです。きっと皆さんかっちり書かれていると思うので、私1人くらいは許してやってください。

私は大阪でエンターテイメントのお仕事をさせていただいています。「もったいないを楽しいにチェンジ」をモットーに、演劇やショーを創作する会社として株式会社MTC。「街をテーマパークに！」という目標を掲げたOSAKA Theme Park Factry株式会社という会社を経営させていただいております。

「人に喜んで頂けるものを作る」をモットーにエンターテーメントのお仕事に取り組んでいるのですが、関西弁でいうと、「おもろいもんを作る！」のが仕事かもしれません。実際なにをするのかは多岐に渡っているというのが正直なところです。

社長業はもちろんのこと、プロデューサーとして作品を作るだけではなく、必要とあらば女優として表舞台に立ったり、ディレクターとして現場に入ったりすることも。具体的に何をやるのかはあまり拘らず、自分が出来ることを、足りないところに必要に応じてエンターテイメントのなんでも屋さんをさせて頂いている感じですね。ゆくゆくはお助けマンになりたいなぁと思っています。


華やかに見えるエンターテイメント業。実は…

よくある見出しみたいですね。見えている部分と見せない部分。裏側は見せないのが美徳となっている業界なので特にだとは思うのですが…。実際には制作作業や事務作業、現場作りなど華やかでない部分の方が多いです。そんなこんなで、私〝松田亜矢香〟というものを通して今回は少しでも知ってもらえたらと思います。

Non Stop! 止まれないマグロのように生きる

注意力散漫で好奇心旺盛で…自分の良いとこであり、悪いところでもあります。常に新しいことを、常におもろいことをインプットしてアウトプットしています。自分自身がおもろい人間かといえばそうではないので、だからこそ常におもろいことを探しているのかもしれません。仕事をしているというか、生きがいみたいなものです。だからこそエンターテイメント業が合っていると勝手に思っています。

小さい頃から常になにかおもろいことを探していたような気がします。好奇心だけは旺盛で、ずっと本を読んでいた記憶があります。親からも、何もしていない時はなかったと聞いています。止まったら死ぬマグロのようですね。今でもある意味そうなのかもしれません。

数年前に〝心の風邪〟を引いた際に強制停止するまでは、止まることが全く出来ませんでした。今では強制停止にならないように自らたまに止まってみてはいますが、性分が止まったら死ぬマグロなのでいつも何かを探して走っています。

何故、止まれないのか？　未だに印象に残っている、親から言われた言葉はたくさんあって、私の人生自体にとても影響されているなとつくづく感じます。

「時間はお金で買えない」

「何事も経験」

止まるのが怖い理由の言葉かもしれません。自分の中で突き刺さった言葉です。

しかし、これらの言葉のおかげで、体験出来るものはなんでもしてやろうと今の私があるなと感じます。私がエンターテイメントの道へ進んだのも、少なからず影響があるかもしれません。

私の家族や親戚はどちらかというとがっつり体育会系です。昔ながらの農家の家に生まれ、習い事もさせてもらいましたが、誰もが私がエンターテイメントの道に進むなんて思ってもなくて、未だに「なんでやろうね」と言われることもあります。

小さい頃は身体を動かすことも好きでしたが、どちらかというと色んな物語を読んだり、絵を書いたり、文化的なことが好きだったように覚えています。本って自分の知らない世界がそこにあって、色んな人生が描かれています。自分自身がどんな大人になれるのか、おもろく生きていきたいとなんとなく思っていた私は本の中でそれを探していたのかもしれません。

読書は私にとって、好きなことであり学びでした。勉強が好きかというと好きではありませんでしたが、学ぶことは好きで、今は読書という形に囚われず、それも含めたエンターテイメントが私にとって好きなことであり、学びであり仕事という位置づけになっています。


「みんなと一緒じゃなくてええやん」

これもまた親に言われた言葉です。小さい頃、みんなと一緒じゃないとダメだという認識を何故か持っていました。そんな中、この言葉を親が言ってくれて「まぁ、ええか」と思えました。とても単純ですね。

私が演劇を好きな理由の一つでもあります。一緒であるという事実より、それぞれのベストを考えていて、全員一緒だと演劇って成り立たないんです。可愛い子、美人、イケメン、おもろい人、地味な人、怖い人、色んな役割があるから物語は起こっておもしろくなる。誰もが主役になれるし、その人にしか出来ないことが絶対に出てくるんですよね。

「みんな違ってみんな良い」って言葉がありますが、ほんまにそうやなと。自分がどう見られてどういう役割を持つのか、演劇ってそれを舞台の上で表しているんです。

これって舞台上の役だけじゃなくてって、セルフプロデュースと一緒だなぁと思うんですよね。自分がどう見られているのか、どう見られたいのか、そのためにどう行動するのか。海外では演劇が学校の授業であるらしいのですが、日本でも教育にとりいれたら良いのになぁと思います。社会に出てから役立つことたくさんあるのに。

みんな一緒じゃなくて良い、それぞれが胸を張って自分だって言い切れるようになれるんじゃないのかなぁとしみじみこれを書いていて思いました。あれ？　脱線していませんか。

まぁ、そんなこんなでゆるーく自由奔放に生きてきました。といいますが、子供の頃は「普通」になろうって意識がとてもあって、普通ってなんだろうとずーっと考えていました。でも、親からもらった言葉の影響もあってか少しずつ自分も気づかないうちに気にしないようになっていったのだなと今だからこそ思います。

直感を信じて進め ―― 人生の転機 ――

中学受験をして、中高一貫の進学校に通わせてもらいました。学ぶことは好きでしたが、勉強が嫌いという性分のため、今思えば親や先生たちにたくさん迷惑をかけました。

この科目は2点、この科目は98点。ただのヤバイ奴に見えますが、その頃から今の自分に通じるものがあるなぁと思います。担任のおかげで留年も免れ、独自の道を進み、演劇を学ぼうと大阪芸術大学に入学することになりました。

大学に入学すると、ヤバイ奴ばかり！（褒め言葉）自分は「普通」なんだと思いました。なろうと思っていた「普通」を大学に入ってから実感すると思わず驚きました。でも、せっかくこんな大学に来たのだから精一杯やってやろう！と演劇の授業と忍者の部活に入り、4年間24時間、舞台のことばかり考えていた学生生活でした。

舞台のことばかりしていたらあっという間に卒業後の将来を考えなくてはいけなくなりました。周りの人を見ても、〝芸術で生きていくことは難しい〟ということは教えてもらえるのですが、どうやったら好きなことを仕事にできるのかは分かりませんでした。

芸能のお仕事っていってもやり方が分からないし、分からないものは怖いし、せっかくお仕事するならいつか起業や独立も出来たらなぁとも思っていましたが、知識も経験もないし新卒は一回きりです。

せっかくだしイベントや演出が学べるところに就職しよう！と思い就活をはじめました。おかげさまで無事に内定をいただき、あとは卒業を待つのみ！と思っていたのですが、ご縁がありまして…。ここが自分のターニングポイントだったのかなと今では思います。それは某テーマパークでの求人です。

大学の同級生から人手が足りないからと誘ってくれたので、数日だけでしたが出演のお仕事をさせていただきました。それまでは部活でやっていた忍者ショーのお仕事くらいだったので、私にとっては初めての芸能のお仕事でした。

この経験をきっかけに、内定を辞退させていただき、まずは2年間！この業界で食っていけるようにやってやろう‼と心に決め卒業しました。この決意は私にとってあまり難しい選択ではありませんでした。何故か怖いとあまり思わなかったのです。

今までは学生として、演劇や忍者ショーを作っていたので、誰かに怒られる訳ではありません。でもこれからはお仕事として、お金をいただいての活動。そもそもこの業界で食べていけるのか？とそういった不安はありましたが、新しいことに挑戦することに対してのドキドキや冒険心が勝ちました。あと何故か間違ってないという自信だけはありました。

まず2年間やってみて、芸能でお仕事が落ち着かないかぎりは就職、又はお見合いをすると親と約束をしてこの道に進みました。私はまぁまぁ昔ながらの農家の生まれということもあったので…。

結婚して家庭に入り旦那を支えるのが女性の幸せという古き良き時代の概念の中育ってきました。それが嫌だとかでもなく概念として知っていました。ただ、私の中でどこか腑に落ちないところがあったのです。女だから我慢しないといけない。女だからってなんなんだ、と。

あ、女性差別が、とかそんな話ではなくって。女であるということが嫌いな訳ではありませんし、親も心配だから言ってくれているのだと分かっています。ただ、女だからって理由だけで夢を制限されてしまうことがよく分かりませんでした。

がむしゃらに2年間働きました。おかげさまで、その頃にはお仕事も忙しくなっており、続行決定。怒涛の数年間でした。寝ずに働き詰めでした。でも、楽しかったんですよね。色んなことに挑戦しました。お金はあとで稼げば大丈夫。私に足りないのは経験と知識だ！と思い、ひたすらエンターテイメントについて学びました。「時間はお金で買えない」「何事も経験」はい。ここにも出てきました。

卒業してすぐには苦手だったダンスに改めて挑戦しました。そして、興味のあった着付け師になるための勉強、演出やイベント制作を学びたくて、就職で進む予定だったブライダル業界のプランナーの資格の勉強もしました。

といっても卒業してすぐの夢は、テーマパークアクターになること。おかげさまでそう遠くなくその夢も叶い、お世話になっていた照明の会社さんでテーマパークの裏方のお仕事もさせていただき、表と裏と色んな面でテーマパークでのショーのお仕事を経験させていただきました。

それでも足りない！と思い、テーマパークのお仕事がない日は他のイベントや公演を観に行ったり、お手伝いに行かせていただいたり。そうこう言っている間に、イベントのお仕事が増えてきました。衣装のお仕事、ディレクターのお仕事、最初はお手伝いからはじまり、さまざまな種類のお仕事をさせていただきました。

なにも出来ない！　これはポジティブにもネガティブにも、早い段階で気づきました。私はお世辞にもモデルさんのようにめちゃくちゃ美人なわけでもなく、アイドルさんのように可愛いわけでもなく、ダンスや歌が出来るわけでもなく…あれ？　なんもできないやんって気づいたのです。

でも、夢は叶えたい。だから、どうやったら私でも叶えられるのかをひたすら考えて行動してきました。難しいことは一切なく、こうだ！って思うものをひたすら実践してきました。

他の方からから見たら失敗もたくさんあったかと思いますが、私にとってはこれもまた経験だと思えるので大きな失敗ということはありません。「なにも出来ない」これは言い換えれば、なんでも出来る！と思い、これからもひたすら挑戦し続けたいと思っています。

我ながらポジティブだなと思いますが、正直いうと他の方の才能がとても羨ましいです。憧れる人ばっかりです。だってみなさんすごいんですもん。だから、それが分かるからなにか一つの才能に囚われないのかもしれません。もし私に才能があって、それで食べていきたい！と思っていたら、今の私はないでしょう。難しいなと思います。

なんとかなる！ 人生、楽しんだもん勝ち！

夢を叶えつつ、もっと学びたい！と思い、稼げないやんと思っていた演劇を改めて学ぼうと思いました。でもね、なかなか難しい。途中、嫌なこともたくさんありました。まぁでも、この道間違ってないという自信だけはあったので進んでいくと、今の会社でご一緒させて頂いている脚本・演出家の方に出会い、はじめはアシスタントとしてお仕事させていただくことになりました。

そしてご縁があり、会社を作るきっかけが出てきたのです。いつか会社を作りたい、という思いがずっとありました。きちんと用意して準備して、会社は作るものだと今でも思います。ですが、あぁ、きっと今なんだ。そしてこれを逃したら一生会社を作ることはないな、えいや！と27歳の時に会社を作らせていただきました。あれは凄まじい時期だったと覚えています。

しばらく大阪から離れないといけない現場が起業するきっかけでもあったので、創業準備に2週間もとれませんでしたし、時期としてショーもいくつか立ち上げ中でした。でもおかげさまでなんとか創業できました。

なんかまぁ色々ありましたが、おかげさまで今に至るという話です。起業して良かったと思えたのは…話を聞いてもらえることです。いくら小さくても会社の代表として話を聞いてもらえるようになりました。

今までのフリーランスの時代と違うんだと強く実感したことを覚えています。これっておもしろいですよね。演劇と一緒で、こう見られるっていうだけで話の聞き方が変わるんだと思いました。そんなことを思いつつ、何でも関連付けて考えてしまうのは悪い癖ですね。

ただ、一番良かったのは会える人が一気に広がったことです。世界が広がりました。好奇心旺盛な私にとってこれはとても楽しいことです。たくさん学ばせていただけるんですもん。すぐにおもろいことをしよう！と言ってしまうのは考えものではありますが、どんどん学んでいけたらと思っています。何事も前向きに、楽しくやっていけたらなと。

そもそもエンターテイメントって、人に届いて人の心が動いて、初めてエンターテイメントになるって思っているんですよね。演劇やミュージカル、ダンスや歌はあくまで表現のツールでしかなくて。飲食のホールだってホテルの受付だって、なんでもエンターテイメントになると思っています。もちろん演劇やショーは好きですが、好きだからこそ囚われないようにしていけたらと思っています。

もっと面白いものが見たい。自分自身がそう思いますし、それを届けたい。笑顔が見たい、驚かせたい！の一心で今もやっています。

数年前と少し変わったのは、前はただただまっすぐにお客様に届けたいだけだったのですが、今はお客様はもちろんのこと、共にお仕事をさせていただいている仲間や、今後ご一緒するであろう方々にも届けたいなと思うようになりました。〝おもろい作品を届けるから、おもろいお仕事を作りたい〟に変わったのです。

起業して良かったこと、悪かったこと、すでにたくさんあります。社長としてはまだまだです。でもまだまだですとも言っていられません。もっとおもろいもんを目指してやっていこうと思います。

ここまで目を通して下さった方へありがとうございます。きっと他の起業家さんはきちんとされているんだろうなぁと、まだ原稿を書いているうちから勝手に想像しています。

これを読んで下さるのって、いつか起業したい方やエンタメでやっていこうって方が多いのかなと思います。大丈夫です。なんとかなります。コツコツ進んでいっていたら必ずたどり着ける場所はあるだろうし、見えるものが必ずあります。それが起業という道かは分かりませんが、一度きりの人生です。楽しんだもん勝ちだと思います。

私は「普通」とか「普通じゃない」とか未だにぐるぐる考えてしまいますし、まぁもういい大人なのですが、学びが全然足りないと日々痛感します。ですが、なんとかこうしておかげさまで生きています。でも、もっともっと色んなことを体験して、学んで、人生を豊かに生きていけたらいいなって思います。

色んな方ともコラボレーションさせていただきたいですし、自分のスキルや経験も増やしていきたいです。大変なことや嫌なこともたくさんあるでしょう。でもそれ以上に、「きっと楽しいことがある」と信じてこの道を進んでいけたらいいなと思います。

拙い文章ではありますが、こんな社長もいるんや、と思ってもらえたら幸いです。いつかぜひお会いできたら嬉しいです。ありがとうございました。

松田亜矢香さんのTwitterからのお問い合わせはコチラ ——

あなたへ贈るメッセージ

時間は
お金で買えないからこそ、
何事も経験すること。

夢を追い続けていた人生から
夢を叶え続ける人生に変われた物語

ダンス教室経営
株式会社PuReMa代表取締役
奥井麻結

1988年福井県出身。中学3年生のときにアイドルとしてデビューしたものの高校3年生の進路選択でカルチャー教室を運営する会社へ入社。その後、退職し結婚・出産を経て子育てしながら株式会社PuReMaを起業。現在はダンス教室を運営するだけではなく、子育てカウンセリングやコーチング、女性起業家へのコンサルティングも手掛けている。

ダンスで開けた世界がいつしか人生の指針へ

福井県で「ダンスの先生」をしているMAYUと申します。

私とダンスとの出会いは、小学3年生の時。あの伝説的ともいえるグループ「SPEED」がデビューし、強い衝撃を受け、当時まだ習い事として一般的ではなかったダンス教室に通い始めました。

「あの憧れの存在のようになりたい」とレッスンに励み続けた結果、中学3年生でアイドルとしてデビューをしました。

しかし、現実は不条理なことが多く、皆さんが思うような煌びやかな世界ではないという事実に直面。心身ともに疲弊し、高校3年生の進路選択時に最優先させたのは「親元を離れず、福井に残る」ということでした。

私は精神的に不安定で、今日のことさえ考えられない状態でした。それにも関わらず、「ダンスを続けたい」という思いだけはずっと胸にありました。

親や先生と幾度となく話し合いを重ね、やっと導き出した答えは、ぼんやりながら「福井という場所で、ダンスの楽しさを多くの子に教えられるような先生でいたい」というものでした。

そんな私の思いを受けて、進路指導を担当してくださった先生がご尽力くださり、各種カルチャー教室を運営している会社への入社が決定。卒業と同時にインストラクターとして歩み始めました。

しかしそれも束の間。今度は、現実の壁や「元アイドル」という肩書に苦しむこととなり、耐え切れなくなった私は退社を願い出ました。

弱り果てたメンタルで考えたのは、「元アイドルという肩書を隠しながらステージングに関われないか」ということでした。そこから1年は、ステージングやパフォーマンスを学び直し、現場にも立ち続け、スキルの獲得に励みました。

「先生になった責任を忘れたくない」と、この頃に書き始めた生徒さん一人ひとりに関する日記は、14年経った今でも続けています。こういう小さな積み重ねが、今の私の原型になっているのです。

生涯のライフワークに辿り着いた転機

　再出発の準備が整った頃、私は当時お付き合いしていた男性と結婚し、男の子を授かりました。

　幸せいっぱいでしたが、「3歳まではこの子に手をかけたいけど、私の性格的にずっと家にいるのは厳しい。せっかくヨガインストラクターの資格を持っているのだから、週に1～2回くらい、この子を連れてレッスンできないだろうか」と考え始めました。

　しかし、目の前の現実は理不尽でした。福井県は共働き率が全国トップで、赤ちゃんを抱えたママさん達でさえもこぞって仕事復帰を口にします。それにも関わらず、子供を連れて仕事に行くのは〝非常識〟。つまり「お母さんが仕事をする＝我が子と離れる」ことが〝当然〟なのです。私にはそれが納得できず、「だったら、私がその常識を変えてしまおう！」と思い至るのです。

　そこからまた勉強を重ね、たどり着いたのが「ベビーヨガ」。当時の福井では誰も行っていなかったので、「じゃあ、私が一人目の先生になってしまおう！」と、大阪まで2泊3

日で資格を取りに行きました。当時息子は10カ月、家族の理解や助けがなければ不可能でした。おかげで無事資格を取得。福井に戻り、すぐにレッスンを開始しました。

まずは、当時通っていた子育て支援センターで知り合ったママさん達に無料講座を開講し、手応えを探りました。

ところが、終えてみて残ったのは〝ママが赤ちゃんを使ってヨガをしている〟という感覚でした。私がやりたかったのは、もっと赤ちゃんの発達に働きかける〝赤ちゃんのためのヨガ〟。「これは違う」と思い、すぐに改善のために動き出しました。

日頃お世話になっている接骨院の先生や医学知識を持つ小児科の先生にお話を伺い、ポーズをほぼ作り直し、タイトルも「スキンシップママ＆ベビーヨガ」に改め、次のステージの準備を整えました。

そしてそのタイミングでなんと、「ＮＨＫ福井」に取り上げていただく機会に恵まれたのです。放送内容は、「福井は出生率が高いのに、お母さんと赤ちゃんが一緒に行ける場所が少ない。ベビーヨガはふれあいも深まるし、今後はこういうものが大切になってくる」という切り口でした。

その放送を皮切りに、他のメディアからも次々に取材依頼が舞い込みました。お陰様で、1回のレッスンに50人が殺到するような日が続くようになりました。そこで初めて、「赤ちゃんと触れ合いたいママって、こんなにいるんだ！」と気付いたのです。

まさにその頃、600gの超未熟児を出産した親友がいました。ベビーヨガが未熟児にも良い影響を与えられそうという情報もあったので、「よし、1人でも多くの赤ちゃんの役に立てるベビーヨガをライフワークにしよう！　そうと決まれば、ママと赤ちゃんに〝良いこと〟が提供できる場を作らないと！」とやる気に火がつきました。

そして「Purema（プレマ）」を立ち上げたのです。（Puremaはサンスクリット語で「愛」を意味しますが、「pure（純真）」とMAYUの「ma」とも読み取れることから、「純真な愛を持って、子供達が望む人生を歩むお手伝いを続けられますように」という意味を込めて名付けました。）

こうして走り出したPuremaですが、時間が経てば自然と「MAYU先生、昔アイドルやっていたんだって」という話が広まります。それを聞いたママさん達から「うちの子、ベビーヨガは卒業だけど、次はダンスをさせたい。ぜひ教えてほしい」とお声がけ頂き、手始めに生徒が4人だけの青空ダンス教室を開催しました。

どの子もとびっきりの笑顔で踊っている姿を見て、「やっぱりダンスっていいな」と再認識すると同時に、「ベビーとキッズは一直線上にある。ベビーヨガで育てた心と体があれば、キッズになってもより良くダンスを楽しめるはず。ぜひ繋げてあげたい」と思うようになりました。

そこで、「アイドルみたいなダンス教室」を目指してレッスンを開講することにしました。どの子も目をキラキラ輝かせながら心から楽しんでいて、それを見た私も言葉にできない幸福感に包まれて……。「ああ、この仕事を選んで本当に良かった」と噛みしめる余裕が出てきました。

その頃、また一つの転機が訪れます。

「福井国体のダンスのお姉さん」に任命されたのです。全国から選手たちが集まる〝運動の祭典〟で披露する「はぴねすダンス」の普及指導員としての活動が始まりました。

拝任したのが2015年、国体の開催が2018年。この3年間で県内にある多くの小中高校、保育園、幼稚園、特別支援学校、高齢者施設を回りました。

もちろんPuremaのレッスンもあったので大変でしたが、その甲斐あって数えきれない程の人に出会い、どこに行ってもお声かけいただけるようになりました。広範な人脈と豊かな経験は、国体に関わったからこそ得られたものです。

現在Puremaは約200名の生徒を抱えていますが、国体を通して私とPuremaを知ってくれた方がそれだけ多かったということでもあります。「国体のお姉さん」をしていなかったら、今の私は絶対にありません。特別な経験であり、私を一回りも二回りも大きく成長させてくれました。

笑顔で夢を叶え続ければ、世界が変わる

「国体のお姉さん」の話が決まったことを受けて、Puremaでは「STARS☆(スターズ)」というライブパフォーマンスユニットを立ち上げました。これは、福井県の皆さんに「誰だって好きな事にチャレンジしていいんだよ」というメッセージを発信したかったからです。

福井は非常に保守的な県民性ですが、全ての人がそうである必要はありません。やりたいことがある子は、どんどん挑戦すればいい。何かの折にSTARS☆のメンバーがステージで踊ったり歌ったりする姿を見て、「私もやりたいことをやりたい!」と思える子が少しずつでも増えて欲しいのです。

メンバーには「そのために、あなた達はステージに立ち続けなさい」と指導しています。

つまり、やりたいことをして輝いている姿を見せることが重要なのであって、メンバーから芸能界入りする子が出ないとか、ダンスとは無縁の世界に行ってしまうというようなことは二の次なのです。

「自分の心に蓋をせず、興味あることに取り組んでいいんだ」と思って欲しい。STARS☆の活動に触れることで、誰かの夢に向かう心を刺激できたなら本望です。

また、最近の活動としては、子育てカウンセリングやコーチング、女性起業家へのコンサルなど、子育てママさん達の夢を叶えるお手伝いもしています。

それも結局は「ママさん達が輝いていなければ、背中を見ている子供たちが頑張ろうとは思えないから」という結論に帰結します。私の行動の根底にあるのは「子供のため」「皆に笑顔になってもらうため」「誰かの夢に向かうお手伝い」なのだと、つくづく実感している今日この頃です。

私が今、取り掛かっているのは、福井にアクターズスクールを作ることです。手始めとして、大型ショッピングセンターを盛り上げるためのキッズアイドルやパフォーマー、アクターの育成を行っています。

子供たちが活発になれば、親もつられて活動的になりますし、その周囲の大人達も刺激を受けてハツラツしてきて……と良い循環が生まれます。それは地域の活性化にも繋がり、ゆくゆくは福井県全体の明るさにも繋がっていくと思うのです。

そのためにまず私が先頭切って動こうと、コロナ禍ではありましたが「Purema」を法人化しました。四苦八苦しながらも必死に夢を具現化する私の姿を見て、「ＭＡＹＵ頑張っているなぁ。よし、私も何か頑張ろう」と思ってもらえたら、こんなに嬉しいことはありません。

そして、より多くの人達に、明るく活気ある福井で子育てをしてもらうため、将来的にダンス教育を取り入れた保育園を作りたいとも考えています。

先ほども触れましたが、福井は共働き率全国トップであるにも関わらず、子育て中の女性が働くには依然厳しい環境です。特に保育の現場では顕著で、全国的にも給料や待遇の低さが叫ばれていますが、福井も例外ではありません。

子育て中のママがたくさん働いているにも関わらず、子育てに順応していない働き方に苦しんでいる女性がたくさんいるのです。そんな状態で、果たして子供たちは満足度の高い教育が受けられるのでしょうか？

答えは当然「ＮＯ」です。だから私は、働き手の目線を強く意識した保育園を作りたいと考えています。もちろん様々な人が集まる組織ですから、１００％の満足はなかなか難しいと思います。

しかし、少しでも働きやすい・働きたいと思える現場であれば先生の質は向上しますし、結果、子供たちのための教育も良いものになっていきます。

そして、「先生＝働く女性＝誰かのお母さん」が幸せになれば、きっとそのご家庭は笑顔が増えるはずです。そんな〝Puremaで働く誰か〟を見たご近所の方達にも「どうして、あの人はあんなに笑顔でいられるんだろう？」「うちの会社もPuremaみたいにできないかな」と思っていただいて、Puremaのような考え方の会社が増えてくれれば、福井全体、延いては日本全体が今よりずっと明るくなると信じています。


生きていくうえで楽しくないなんて、本当につらくて悲しいことです。だからこそ、まずは弊社で働いてくれる人達に様々な面で心を尽くしながら、どんな時でも私が真っ先に行動する姿を見せるように心がけています。それがあって初めて「一緒に頑張ろうね」と言えると同時に、「あの人には負けるわ（笑）、じゃあちょっと頑張るか」と周囲の皆さんの生きる希望になれるのだと思うのです。

それはいつか、直接的ではなくても、どこかのお子さん（への教育）に必ず繋がっていくはず。そういう働き方を根本的に見直す（時にはひっくり返す）場を作ることで、福井や日本が新しい一歩を歩み始めたらいいなと思います。

私自身、もちろん完璧ではありませんし、周囲の助けがなければできないことも山のようにあります。次々に湧き出てくる夢やアイディアを形にするために、私は何をすべきか……と考え、行動し続けていく中で、ここ数年は自分というもののブランディングをどうするか、ずっと悩んできました。「MAYU」という個人で売る方がいいのか、「Puremaのダンス教室とは」というメソッドで売る方が良いのか。

実は、最初「MAYU」を押し出すことに少し抵抗がありました。仮に私が倒れるようなことが起きたら、生徒さん達は全員辞めてしまうか、私が復帰するまでお休みされて、経営が成り立たなくなってしまう可能性があるからです。

それならばメソッド売りの方がいいのでは……と考えていたのですが、答えはPuremaの生徒数が増え始めた頃に取ったアンケートの中にありました。「どうしてPuremaに通おうと思われたのですか?」の答えの多くが「MAYU先生だから」だったのです。その時に、うちは他の教室と少し入口が違うのだと気付きました。

他の教室の場合、例えば「ヒップホップが習いたい」「じゃあ、体験行きましょう」「先生も良い感じだし、ここにしようかな」という流れだと思います。一方、私の場合は〃国体のお姉さん〃として県内全域を回って「皆さん、こんにちは！　今日は〜〜〜」とやったことで、知らぬ間に各所で無料のレッスン体験をした状態になっていたのです。

それを受けた子供達が家に帰って、「今日、はぴねすダンス教えてくれる人が来た」「よく分からなかったけど、何か楽しかった」と話してくれ、それを聞いた親御さん達が「教えてくれたMAYU先生はダンス教室をやっているらしい」「じゃあ、行ってみよう」という流れだったのです。

ダンスがどうであれ、「この先生になら習いたい」と思ってもらえるような人間でありたいと思っている私には、その声は本当に自信になりました。「MAYU先生のところに来て、うちの子すごく変わったんです」なんて言ってもらえた日には「もっと頑張ろう！もっとたくさんの子の力になれるはずだ！」とやる気が漲ってきます。

今は「MAYU」という看板を押し出しつつ、私と同じような声かけ、指導ができる仲間や後継者の育成も始めました。そういう人が育ってくれれば、「MAYU先生と手腕は一緒だけど、あの先生ならではの良い所が加味されたレッスンをしてくれる」と、生徒さん達も安心してついて来てくれるだろうと思うのです。

やはりメソッドは〝売り〟としては弱くて、最後は〝人〟なんです。私は、ここ数年悩み続けてこの答えにたどり着いたので、これからも子供たちと目線を合わせるとか、手を引くとか、否定しないとか、私が誰よりも楽しかった！とレッスンを終えるとか、そういうことを大切にする「ＭＡＹＵ」を伝えていこうと思います。

「成功体験」の積み重ねが夢に近づく第一歩

高校生の頃、ぼんやりと抱えていた「福井という場所で、ダンスの楽しさを多くの子に教えられるような先生でいたい」という思いは、今や私の人生の目標ともいえるものになりました。子供たちにダンスを通じて気持ちを伝えるということや、世の中の何かの力になるような大きな仕事ができるよう一歩ずつ頑張ります。

熱く語ってきましたが、私が大人子供問わず常に生徒さんたちに伝え続けていることを最後に記したいと思います。

それは「夢を追い続ける」のではなく「夢を叶え続ける」人でいてほしいということ。夢といっても、大きなものでなくていいのです。なんなら目の前の小さなタスクで構いません。その一つひとつをクリアするごとに、きちんと「できた！」「叶えた！」と思うこと。いわゆる〝成功体験〟の積み重ねは想像以上に大切で、それこそが自信や糧になり、大きな夢や希望、目標の達成に繋がっていくのです。

夢というと、うさん臭く感じる人もいるかもしれません。しかし夢というのは「そうなりたい」という〝ビジョン〟なので、決して負い目を持つ必要はありませんし、小さくても思い描いた一つひとつを叶え続けていける人であって欲しいと思います。

そして、それを実行し続けるうえでとても大切なのが「人間力」です。「人間力」をひと口で説明するのは難しいですが、これまで何千という人たちと関わってきた経験から、必要不可欠だと実感しています。

その中に「最低限こういう人でいてほしい」という項目はいくつかありますが、やはり一番は「笑顔で挨拶できる人」であることです。これは、大人も子供も変わりません。そういう〝心地よい人間関係の根本〟を大切にできる人が、夢を叶え続けているのです。新しい何かにチャレンジしようと考えている方ほど、どんな時でも忘れずに実行するよう心がけてみてください。

夢と一言で言っても、それこそ千差万別、多種多様な形があります。私は、その一人ひとりの違った夢や目標を叶えて、実現させることはできません。それでも、叶えるためのモチベーションを提供できるような人でありたいと思っています。

夢を叶えるには、体力も気力も要ります。一人で頑張るのは心許なく、誰かの後押しを欲するのは自然なことです。そんな時に、私が頑張っている姿が誰かの支えになれたら嬉しいですし、その時は幅広いお手伝いを全力でしていこうと思います。

もちろん私も、自分の夢をずっと「叶え続けて」いきます。私は絶対に夢を諦めません。諦めなければ必ず叶うのです。だって実現するまで続けるのですから。

奥井麻結さんのInstagramからのお問い合わせはコチラ ――

あなたへ贈るメッセージ

「夢を追い続ける」のではなく
「夢を叶え続ける」人になろう！

一冊の本との出会いで、ただの「好き」や「憧れ」からシゴトに変わった

ドライフラワー・雑貨店経営
株式会社花かざり 代表取締役
安倍美緒

1980年大分生まれ。中学生のときに出会った1冊の本をきっかけに花と植物に関わる仕事に興味を持ち、造園の専門学校そして大学の農学部を卒業し、花の観光施設に就職。36歳のときに独立し、ドライフラワーと雑貨のお店「ローズ・ド・メイ」を運営する株式会社花かざりを起業。38歳のときには大分県竹田市に2店舗目「lavifle」をオープン。

本気でやりたい仕事は自分の力で引き寄せる

中学生のころ、一冊の本との出会いが人生のターニングポイントになりました。私は漫画が大好きで、小学生の時は〝りぼん〟という少女漫画を毎月買うのが楽しみでした。お年玉を全部、漫画の購入に使ったこともあるし、漫画を読みだすと家族に名前を呼ばれても気づかないほど、その世界と時間を楽しんでいました。漫画ばかり読んでいたので、私のメルヘンな頭の中は漫画で育ったと思っています。

そんな私が活字の本を初めて手に取り、自分のお小遣いで購入した本。それは、山野忠彦著書『木の声がきこえる』です。日本で初めての木のお医者さん『樹医』として、各地の巨木、名木を枯死から救った山野忠彦さんの〝樹医の診療日記〟。この本は私を、花と植物に人生をかけたいという思いにさせてくれました。

山野さんは48歳で樹医になる決意をし、全身全霊で木と向き合い続けました。そんな研究治療する姿に大変な感銘を受けたのを今でも覚えています。「痛い」も「ありがとう」も言わない木の治療を続け、日本中の１千本以上の木を救いました。木や植物、さらに人への感謝、愛情が伝わってくる本でした。

「人や動物にお医者さんがいるように、木も病気になるし、動かないし話さないけど生き物なんだ」と改めて思いました。私も木や植物に関わる仕事がしたいと思い、その後の進路に影響を与えてくれた本です。

私がなぜこの本を読んでみたいと思ったのか、(漫画っ子なのに…)きっかけは覚えていません。しかし、小さいころから花や植物が大好きでした。庭で花冠を作ったり、種から花を育てたり、道順も植物を目印にして覚えていました。白い花が咲く木を右に曲がる…という風に。ただの〝好き〟や〝憧れ〟、〝かわいい〟という植物への思いに、この本に出会ったことで〝仕事にしたい〟という気持ちが加わったのです。

中学生のころに持ったその気持ちは変わらず、高校卒業後は造園の専門学校、さらに大学の農学部へ進学しました。

大学4年生のころ、卒業したら大分県に帰りたいと思っていました。地元での就職先を探しましたが、植物に関わる仕事などほとんどありません。そこで、大分県には「くじゅう花公園」という花の観光施設があったことを思い出し、直接電話で求人がないか尋ねてみました。残念ながら、私が電話した時には求人はありませんでした。

しかし、このくじゅう花公園は自分のように植物が好きな人間にとっては素晴らしい施設だと思っていました。そこで私は、なぜ就職したいと思ったのかを手紙に書きました。『花を通じてお客様の笑顔や、思い出作りができる施設は素敵で貴重な場所だと思います。自分も、お客様の思い出になるような〝場所〟を一緒に作りたいという思いからお電話しました。今回はご縁がありませんでしたが、またお花を見に行かせて頂きます。』というような内容だったと思います。

その後、忘れたころにくじゅう花公園の方からお電話を頂きました。「一人、欠員が出たので面接を受けてみませんか」と。こうして私は運良く、大学卒業後に念願の植物に関わる仕事に就職できたのです。

就職後に、社長とお話をする機会があり、私が出した手紙を読み、嬉しかった、花や人に対するその思いだけで十分。と言っていただきました。

もちろん、面接を受けるために手紙を書いたわけではありませんでしたが、自分の思いや考えを伝える行動をして、それが相手に伝わる喜びを知った出来事でした。「手紙、書いてみるもんだなぁ…」

36歳のシンママ！ 大好きな場所で独立開業

私は36歳、長男の樹（たつき）10歳、次男の葵（あおい）6歳（当時）のときに離婚しました。元夫とは気が合うし、仲は良かったと思います。子どもたちも父親が大好きでしたし、離婚する時は相当悩みました。約1年話し合いましたが、結局離婚しました。子どもたちには申し訳ない気持ちで一杯です。

離婚理由以外では、元夫のことは尊敬しているし、父親として今も自由に子どもたちと関わってくれています。私の仕事も応援してくれています。

離婚するタイミングで、くじゅう花公園内の店舗「ローズ・ド・メイ」のオーナーさんが引退することになりました。離婚後の不安もありましたが、くじゅう花公園での仕事が好きでしたし、やってみたい気持ちの方がどんどん大きくなりました。そして、店舗の運営をそのまま引き継ぎ、くじゅう花公園のテナント店舗、「株式会社花かざり」の代表取締役として起業することとなりました。

大学卒業後の23歳から、約13年勤めてきたくじゅう花公園からの独立でした。起業の際には、金銭面、店舗運営、従業員、離婚直後の子どもたちのことなど、不安がたくさんありました。

けれども、くじゅう花公園の社長の「経営は別々だが、この花の施設を一緒に盛り上げていく仲間として力になりたい。」と有難いお言葉のおかげで勇気がでました。お客様が花を楽しみ、たくさんの思い出が作れるお手伝いができるように、私も一緒にこの素敵な〝花の村〟を作りたいと思いました。

そして38歳の時、大分県竹田市に2店舗目のドライフラワーと雑貨のお店「lavifle（ラビフル）」をオープンしました。大分県竹田市は温泉や湧水が多く、自然豊かな田舎ならではの住みやすいいい所です。かつての岡藩城下町もあり、風情のある街並みも楽しめます。けれど、市の人口は2万人ほど。人口2万人のこの町でドライフラワーのお店をオープンするには、相当な勇気が必要でした。

しかし、私がお店をやりたいと言うことを馬鹿にし、反対する人はいませんでした。応援してくれる人ばかりだったのです。そして何より、不安と同じくらい、いや、それ以上にやりたい気持ちのほうが大きかった。直感に近かったと思います。このお店をオープンしたことにより、私の人生が大きく変わりました。

ピンチはみんなで力を合わせて乗りきる

起業後の悩みは様々で、不安は尽きません。最近では、不安があるからこそ強くなるチャンスで、苦しみのその先に喜びがあることを知りました。

そんな中でも、起業後最大のピンチは２０２０年の新型コロナ感染症の流行です。世界中が混乱する中で、店舗のあるくじゅう花公園も休園を余儀なくされました。春の花が咲き誇る、一年で一番綺麗な時期でした。

満開のチューリップ、春の優しい日差し、たくさんのお客様にと作ったフラワーアレンジメントが並ぶ華やかな店内。そんな賑やかな空間に誰もいません。満開の花たちを見て、世界はこんなに輝いているのに…ともどかしく悲しい気持ちになりました。

そして、休園した春は一年で一番の稼ぎ時でもありました。春の売り上げがほぼない状態で、とてつもない不安にかられました。そんな中、私を精神的に支えてくれたのは２０１９年に結成した『竹姫』という団体でした。

私は起業してからたくさんの女性と知り合い、それぞれ素晴らしい才能や得意なことがあるのに発揮できる機会や場所がない現状を知りました。そこで、女性が自由に生き生きと活動できる場所を作ろう、と私を含めた女性3人でコミュニティを結成し、【竹田市の女性】ということで『竹姫』と名付けました。

『女性が笑うと男性も嬉しい。お母さんがほほえむと子供も嬉しい。みんなが笑うとみんなが嬉しくて、この場所がもっと好きになる。〝竹姫〟は、竹田市の女性を中心に様々なイベント、企画を通じて笑顔で楽しい思い出を作り、「竹田市が好き」という気持ちを広げながら、つなげていきます。』

というコンセプトのもと、活動しています。もちろん女性3人だけではできないこともあるので、サポート会員という役で男性も参加しています。

素晴らしいのが、このサポート会員さんは本当に私たち女性を応援してくれていて、支えてくれているのです。私たち女性も、男性が応援したくなるような女性になりたいと思い、参加してくれているサポート会員やボランティアの方には感謝の気持ちでいっぱいです。

この「竹姫」の活動には、個人的な思いも強いのです。私は離婚後に起業して、自分の好きな〝花〟を仕事にしていましたが、忙しい日もあり子どもたちとの時間がとれなくなっていました。寂しい思いをさせてしまったと思っています。私と過ごす時間は少ないかもしれませんが、子どもたちにとって故郷になる竹田市では楽しい思い出を作って、いずれ大人になり進学や就職で県外に出てしまっても、また「竹田市に帰りたいな」と思ってもらいたいです。そのためにも、『竹姫』の活動を通じて、子どもたちに私の仕事を知ってもらい、楽しい思い出を作ってほしいと思いました。

竹姫の活動として、第1回目の『竹姫マルシェ』を2019年10月に行いました。企業や店舗をもつ人だけでなく、これからチャレンジしたい人、主婦でハンドメイドをしている人、子どもたちが主催のゲーム大会など、女性と子どもが中心となったマルシェです。お天気にも恵まれて、約800人の来場者に楽しんで頂けました。何より、息子たちが楽しそうにしている姿を見ることができて良かったです。

誰かを応援できる人は、応援される人になる

それから数か月後、2020年新型コロナ感染症の流行が始まったのです。2020年

3月、当時小学校6年生だった長男は、最後の小学校生活も卒業式も休校のため満足に行えず、自宅待機が続く日々でした。そんな中、小学校の先生から連絡が入りました「卒業文集を配布しますので、樹(たつき)くんの卒業文集を読んでみてください。」と。卒業文集には、「小学校6年間の楽しかった思い出」が3つずつ書かれていました。長男は1つ目に就学旅行、2つ目に音楽祭、そして3つ目に『竹姫マルシェ』のことを書いていたのです。

『僕のお母さんは、お花や雑貨を売る仕事をしています。朝から夜までとても大変そうです。でも、いきいきしていて、「つらい」とか、「きつい」とか言いません。それに、僕たちにすごくやさしくしてくれます。僕は、そんなお母さんのことが大好きです。

お母さんたちが中心となって、竹姫マルシェを開きました。いろいろな食べ物などを売っていました。僕は、野球の試合の帰りに行きました。見てみたら、たくさんの人が来ていました。そして、とっても楽しそうでした。僕は、お母さんが、がんばっていることがよくわかりました。友達のお母さんも手伝ってくれていて、うれしくなりました。

そして、僕が、小さいころに描いた似顔絵をキャラクターにしてくれていました。これもとってもうれしかったです。これからは、僕も、お母さんのために、何かしていきたいです。』

　コロナ禍で、これから仕事も生活もどうなるかわからない不安な時に、長男からとても素敵なエールと、とびきりのご褒美をもらいました。涙がでて、初めて声をだして泣いてしまいました。私はコロナ禍でも自分のできることをやろうと思いました。

　まず、店舗ではお菓子屋さんとコラボして『お花とお菓子のギフトボックス』を作りました。そして、店舗の『コンセプトブック（絵本）』を作製しました。その絵本を見た方が、実際の店舗に来た時に絵本の世界が現実のお店で再現できている、という非日常を味わえる体験ができるように空間づくりを行いました。

　絵本の主人公は子供時代の私です。仕事や花に対する気持ちや、憧れ、わくわくすることを表現しました。絵も自分で描き、満足するものができたと思います。お店の魅力をこれからも広げていきたいです。

　そして、コロナ禍でも『竹姫』の活動ができないかと、何度も実行委員会で話し合いを重ねました。イベントを計画しても、コロナの状況により計画のまま進まない時もありました。それでも、「またマルシェを開催してほしい」という声もあり、2020年10月～

2021年3月までの半年間、小規模のマルシェを毎月開催していこうと『月1マルシェ』のチャレンジが始まりました。これは正直すごく大変でした。

毎月、出店者募集やチラシ作成など準備期間も少なく、焦りながらもなんとか開催していました。それでも仲間に助けられ、この半年間の月1マルシェで学んだことは、出店者同士、お互いを応援し合うことでした。

このマルシェには、将来、雑貨屋や服を販売したいという地元の中学生も参加し、実際に出店することでお店の運営も学べます。コロナの影響を受けた方や、主婦でハンドメイドをしている方など、様々な立場の出店者もお互いに宣伝し合ったり、マルシェ当日に準備や片付けなどを協力し合ったりしました。お客様からは、「アットホームですごく雰囲気の良いマルシェだった。」という感想もいただきました。

店舗であるlavifle（ラビフル）と竹姫という活動で、このコロナ禍で取り組んだ結果。私は花のギフトボックスのように、花を通してモノや人の魅力を引き立たせることや、竹姫のように応援して支えていくことが自分の役割ではないかと感じました。

この『女性起業図鑑2021』に応募したのも、他の女性起業家の方々を応援し、お互いに高め合い素敵な本が出版できたら…という思いからです。この本との出会いが、また私の人生の大きなターニングポイントになることを期待しています。

やりたいけど、先が見えなくて不安だ。やっていけるかこわい。何かしたいが夢がない。目標が定まらない。このような悩みは、一歩踏み出して行動した後も、常にあります。起業したからには、この不安や迷いは一生あるものだと思っています。

でも、その分一生懸命考え、協力し合った結果には素晴らしいご褒美があります。不安で行動できない方は行動している人の応援をして、夢がない方は夢に向かってがんばっている人の傍にいてみると良いです。それだけで、必ず自分の思考や行動が変わっていく成長に気づくことができます。

いきいきと、笑顔で好きなことを自由にできる女性たちをこれからも応援します。

安倍美緒さんのInstagramからのお問い合わせはコチラ――――

あなたへ贈るメッセージ

夢に向かって行動している人の
応援や側にいるだけで
思考や行動は変わっていく

アイデア商品で特許を取得。場所や時間にとらわれない自由な働き方で豊かな人生を手に入れる方法

衣類製造・卸売・小売事業
トトカ・グリーム株式会社 代表取締役　山代佳子

1971年東京都出身。広告関係の仕事をしている際に起業を決意し、4年かけて商材を探した結果、当時世の中になかった「入院用のカップ付きパジャマ」を開発し、2009年に創業。その後、アジャストブラカップ機能を発明し特許を取得。現在はキャミソール、タンクトップ、半袖・長袖インナーなど「前開きのカップ付きインナー」を中心に展開している。

発明品で起業！「あったらいいのに」を創造する仕事

私の父は、経営者でした。そのため起業が特別なことだとは思っていなかったのですが、幼少期の不安定な生活や、時に苦労する父の背中を見て育ったことで、「経営は生半可な気持ちではできない」という思いがありました。また、自分に合った起業の方法がわからなかったこともあり、起業に興味はあったものの、なかなか踏み出せずにいました。

当時、私は広告関係の仕事をしていました。やりがいがあり、仕事内容にも満足していたのですが、満員電車での通勤や時間的な拘束にストレスを感じるようになっていました。「自由な環境で働きたい」という思いが日に日に強くなっていたある日、TVを見ていると一見普通の女性が登場し、「発明品がヒットして大きな家を建てました！　仕事場は自宅の一室です。」と嬉しそうに話していました。

私は直感で、「この人のようになりたい！　自由に働くために、アイデア商品で起業しよう！」と思いました。この出来事がきっかけとなり、「これまでにないアイデア商品を生み出して起業する」という、自分に合いそうな起業方法を発見することができたのです。

その後、商材が決まるまで発明や特許について独学で勉強をしました。そして、あるアイデアを思いついた時には、試しに1人で先行技術の調査から出願まで一通り行い、必要な時にすぐに行動できるよう備えました。

「アイデア商品で起業」と言っても、商材探しは簡単ではありませんでした。「これだ！」というものに出会うまでには、約4年もかかりました。商材やアイデアが浮かんでは消え、浮かんでは消え、の繰り返し。しかし、焦らずにしっかりと基盤となる部分を決めておくことが大切と考え、次の3つの条件を定めました。

［条件1］「興味がある」又は「好き」な物や事であること

特に起業したての頃は、商材の事を考える日々が続くと予想されます。興味があることや好きな物であれば、考え続けることはさほど苦ではありません。また、困難があった時も乗り越えていける可能性が高く、長く続けることができるのではないかと考えました。

［条件2］場所や時間にとらわれず、自由に働けること

私が起業した2009年頃は、オンラインを活用した自由な働き方は決してスタンダードではありませんでした。皆が当たり前のように満員電車で通勤し、大半の人がお盆休みなど同じ時期に一斉に長期休暇を取っていました。

私の起業のキーワードは「自由」ですので、実店舗を持つことはそれだけで何らかの拘束が生じてしまいます。そのため、インターネットを使った販路で売ることができる商材を基本に考えました。

【条件3】取り扱いが簡単であること

取り扱いが難しい商材は参入障壁が高く、将来的には競合が現れにくいというメリットがあります。ですが、自分の大雑把な性格を考えると、繊細な在庫管理が必要な商材、例えば食品や流行物はリスクが高く向いていないと判断しました。

また、大型の商材も倉庫など保管場所の固定費が嵩むため、なるべく小型の商材が良いと考えました。

なかなか商材が見つからず困っていた4年目の夏、妹が病気で入院をしました。病院にお見舞いに行くと、少々困った顔で「手術後は締め付けるブラができないから困るよ。パジャマやTシャツだけじゃ透けそうで心配だし。特に売店に行く時に気を使う。暑いけど我慢して何か羽織るしか方法はないのかなあ。」と話していたのです。

手術後、本来なら体を気遣ってそれどころではないのに、どうにかならないだろうか…。私は急いで帰宅し、胸部分を優しく包んで透けない衣類が販売していないかインターネットで検索してみました。近くの衣料品店でも探しましたが、存在しませんでした。

不便を解消するにはカップ付きの衣類が良いのではないかと思いました。しかし、当時のカップ付き衣類といえば、胸の形を美しく見せる事に重点を置いていて、アンダーバスト部分に分厚いゴムが縫合されていたため締め付けが強く、入院や術後に向いていないものばかりだったのです。

「探してなければ、作るしかない！」

私は、術後や入院中にストレスなく着ることができる締め付けのないカップ付きのパジャマを作ることにしました。

元々裁縫は好きでしたので、オリジナルの型紙から教えてくれるソーイング教室を探してすぐに通い始めました。教室の生徒さん達はおしゃれなカットソーなどを作っていましたが、私は決しておしゃれとは言えないパジャマを黙々と作っていました。先生もその変わったパジャマに興味を持ってくださり、親身になって教えてくれました。

失敗もありましたが、どうにかパジャマを完成させた時の達成感は今でも忘れられません。出来上がったパジャマを入院中の妹にプレゼントすると、とても喜んでくれました。

この出来事がきっかけとなり、同じように悩んでいる人にもこのパジャマを届けたいという思いが強くなったこと、そして、定めた3つの条件に当てはまると判断し、商材を「入院用のカップ付きパジャマ」に決めました。


商材として決定したものの1枚1枚手縫いでは現実的ではないため、この変わったパジャマの型紙を受け入れてくれる縫製工場を探す必要がありました。

教室の先生に相談すると、同じ教室の生徒さんのご親戚が都内で縫製工場を営んでいるとのことで、紹介してもらえることになりました。このご縁が、今日まで繋がるビジネスへの道筋になりました。道がスーっと開けた瞬間だと思っています。

早速、東京の下町にあるその工場に挨拶へ行き、ソーイング教室で試作したパジャマと型紙を見てもらいました。その方は親切丁寧にいろいろとアドバイスをしてくれました。そして、このような複雑な縫製はうちではできないからと、近所にある知り合いの縫製工場をその日のうちに紹介くれたのです。

当時は、工場の方に話を聞いてもらうだけでもハードルが高かったと思うのですが、紹介という形でしたので、スムーズにサンプル品の縫製を依頼することができました。そして、後に当社の商品を生産する主力の縫製工場になりました。

私が全くの素人な上、特殊な縫製が必要な衣類ということもあり、依頼した当初はちょっとした行き違いなどで悩んだこともあります。しかし、社長さんを始めとして皆さんあたたかい方々で、今では困った時に相談できる心強いパートナーです。

素人は、業界の既成概念にとらわれない視点で、他にはない商品やサービスを考え、思い切ったことができるという意味の「素人の強み」という言葉があります。

今振り返ってみると、当時の私は全くの素人であったからこそ、恐れることなくビジネスを進めることができたのではないかと思います。お取引き先と互いに理解し合うまでには時間がかかることもありますが、自分の感性を信じて、根気よく現場の方々とコミュニケーションを取る事が大切だと思っています。

特許取得の成功メソッドを大公開

商材が決まり、いよいよ本格的に販売準備の開始です。早速、紹介していただいた縫製工場に3種類のパジャマを発注しました。

資金に余裕がなかったので、自宅の畳の畳2畳分ほどのスペースに、パソコン、プリンター、FAX電話機を設置ました。お店のホームページも自力で作りました。いわゆる有名モール出店ではなく自社サイトでしたので、例えれば、ある日突然山奥にポツンとお店が出来たイメージです。

また、当時はセキュリティーの面などで不信感があり、今ほどネットショッピングを利用する人は多くありませんでした。そのような状況の中、売り上げを上げるために、SEO対策等の勉強をしながら試行錯誤を繰り返しました。

開店当初は大変な事も多々ありましたが、たった3種類のパジャマをホームページに掲載して販売を始めた日、そして初めて売れた日のあの感動は一生忘れられない思い出です。

当初、ネットショップで販売していた「入院用のカップ付きパジャマ」は、完全オリジナル商品ではあるものの、「カップ付き」というだけで新規性はなく、特許機能は備えていませんでした。

パジャマが少しずつ売れ始めた頃、入院中のお客様から感想のお手紙をいただきました。概ね満足のご様子だった手紙の最後の一文を読み、とても残念な気持ちになりました。

「胸カップの位置が合えばもっと着心地が良いと思いました。カップは入れずに着ています。」

困っているからカップ付きをご購入になったにもかかわらず、使うことができずにいるなんて大変申し訳なく思いました。私はすぐにこの問題に取り掛かり、何度も改良を重ね、カップの位置を自分のバスト位置に調節することができる「アジャストブラカップ機能」を発明し、特許取得を目指しました。

特許は出願から取得まで数年かかることが普通で、私の場合は約2年かかりました。また、特許取得を考えている技術がある場合、その技術を使った商品を特許出願より先に販売しないように注意してください。新規性がないと判断され、特許を取得できなくなります。(出願後は、特許を取得する、しないに関わらず販売可能です。)

【出願の前に】

先行技術調査を行います。私の場合は、実店舗やネットショップを見て回り、考えたアイデアを使った既存品がないかを調査しました。同時に、特許庁のホームページから先行技術の文献を調べて同じアイデアや似たような技術がないかを調べました。私が出願を考えた当時は、中小企業対象で先行技術調査を無料で行うサービスが利用できましたので、自分である程度調べた後に調査会社も利用しました。

［出願］

出願書類の作成は、特殊な言い回しが多いためとても大変です。勉強のために1人で特許出願をした時に痛感しました。ここぞという時は、後にしっかりとした特許であることが望ましいので、費用はかかりますが弁理士の先生にお願いすることをおすすめします。

［審査請求～取得まで］

出願しただけでは、特許は取得できません。出願してから3年の間に特許を取得するべきか判断し、取得を目指す場合は特許庁に審査請求をします。

そして審査の結果、新規性が認められない場合は、拒絶理由通知が届きます。これは珍しくないことのようで、私も経験しました。弁理士の先生の指示のもと、意見書や出願内容を補正する補正書を提出します。

私の出願はそれでも新規性がなぜか認められなかったため、弁理士の先生が審査官と面談の約束をしてくれました。弁理士の先生と2人で新規性を懸命にアピールしたことは今でも鮮明に覚えています。そのかいあって、最終的には無事に特許を取得することができました。

耳を傾け、必要とされる商品を作り続ける

私の仕事は、商品を企画し、生産して、お客様に販売することです。単純なサイクルの中で、やりがいを感じることができるのは「商材」が自分に合っているからだと思っています。

お客様から度々お礼の手紙をいただくのですが、「自分が発明した商品が人に必要とされている、役に立っている」と感じることが日々のモチベーションの源泉になります。そして、お客様に喜んでもらえる商品のアイデアが浮かんできます。

また、当社のオリジナル商品は全て日本製です。品質の良さは勿論ですが、日本製にこだわる最大の理由は、「ものづくり日本の縫製工場を絶やしてはいけないという想い」にあります。この想いもモチベーションの源泉となっています。

日本の縫製技術や丁寧な仕事をする姿勢はとても素晴らしいものがあります。しかし、海外工場に比べて工賃が高くなりやすく敬遠されてしまうこと、職人の高齢化の問題もあり、日本の縫製工場の数は年々減ってきています。

当社では、そのような背景も商品の持つ重要なストーリーの一つとしてお客様にご紹介し、日本で生産している当社のオリジナル商品を手にとっていただきたいという思いで販売しています。

何でも揃うこの成熟した市場において、ただ物を購入するだけではなく「社会貢献をしたい」、「共感したい」などの付加価値を求めているお客様は少なくありません。電話やメールでの丁寧な対応や、わかりやすい商品説明は勿論ですが、販売商品の背景にあるストーリーも併せて伝える事がとても重要だと思っています。

3種類のパジャマから始まったオリジナル商品は、創業2年目からはパジャマやネグリジェの他に、主力を「前開きのカップ付きインナー」に変更し、キャミソール、タンクトップ、半袖・長袖インナーを中心に展開しています。

アンダーバスト部分にゴムがなく前開きのカップ付きインナーは、創業当初から主に乳がんの患者様にご利用いただくことが多かったのですが、近年では介護用にご購入いただく機会も増えています。また、創業以来ずっとお客様の声に耳をかたむけ、より良い商品になるように現在も少しずつ改良を重ねています。特許を取得した独自の機能もあるため、類似品が増えた今でも差別化することができています。

販売が軌道に乗ってからは、「外部委託（アウトソーシング）」を積極的に活用し、在庫管理や出荷作業の負担を大幅に減らしました。結果的に、小回りの効くコンパクトなビジネスを継続することが可能となり、場所や時間にとらわれない自由度の高い働き方を実践することができています。

ライフイベントを大切にする自由な働き方

ありがたい事に素敵な人との出会いが多く、「人に恵まれている」とあらためて思います。今の自分に強い影響を与えているのは、10代後半に始めた「ダンス」での出会いです。ダンス仲間は勿論、憧れの女性ダンサーの先輩に出会うことがなければ、10年近く続けることはなかったと思います。

ダンススクールに通うため単身でＮＹに短期留学し、ハードな練習にもめげずに通ったことは、とても良い経験になりました。時間を見つけてはブロードウェイの様々なショーを観に行ったものです。あの華やかな光景は今でも鮮明に覚えています。ダンサーとしては劣等生で結果的に断念することになりましたが、行動し、挑戦した経験があるから今の自分がいると言っても過言ではありません。

創業してからは、ＭＲＣ（三井リボンクラブ）代表の山本千佳子さんとの出会いがとても印象的です。創業して約2年が経った頃、ご購入のお客様の大半が乳がんの患者様であることに気が付きました。そこで、ピンクリボン運動（乳がんの啓蒙運動）に取り組んでいる人の話を聞きたいと思っていました。

そんなある日、友人とレストランで食事をしていると、店長さんが素敵なピンクリボンのピンバッジを付けていました。話を聞いてみると、隣の席の方からいただいたとのことで、その場で山本千佳子さんを紹介してもらったのです。

この出会いは偶然ではなく、必然の出会いだったと確信しています。山本さんには、商品についてご意見を伺ったり、関係者をご紹介していただいたり、今でも大変お世話になっています。

創業から5年ほど経った頃、技術経営学を学ぶために入学した大学院でも多くの素晴らしい人との出会いがありました。学生は20代から70代ととても幅広く、経営者は勿論、中小企業から大企業の方まで優秀で多様な人材の集まりでした。

また、各分野のスペシャリストであり、個性豊かな先生方から学んだことは数え切れません。先生や学生の皆さんとは卒業してからも交流は続いており、パワフルにご活躍されている姿にいつも刺激をもらっています。

それから、忘れてはならないのは家族との出会いです。仕事が上手くいかず落ち込んだこともありましたが、家族がいつも明るく笑顔でいてくれたおかげで、何度も救われ、元気をもらいました。「ワーク・ライフ・バランス」という言葉の通り、仕事と生活は密接な関わりを持っていて、互いに支え合っています。ホッとできる家族がいたから心のバランスを取ることができ、ここまで頑張ることが出来たのだと思います。

人生には「結婚・出産子育て・介護・病気」などのライフイベントや、予想外の出来事が起こる可能性があり、生活が一変することも考えられます。現に２０２０年、感染症のパンデミックにより世界中の人々の生活が激変しました。

また、自身の経験から「起業」も、「結婚」などと同じように自分で選択するライフイベントの1つだと思っています。私は、起業することを選択したことにより、その後の人生がとても豊かなものに大きく変わりました。その中の一つが家族の変化です。

起業する前に勤めていた会社は、残業で帰りが遅くなることが多く、気持ちの余裕も時間もなかったため、結婚後も「子供を産み育てる」という考えは全く浮かびませんでした。

そんな私が、会社を辞めて起業してから1年が過ぎようとしていた頃、ふと「子供が欲しいな」と思ったのです。自由に働く中で、時間と心の余裕ができたことが大きな要因だったのではないかと思います。

起業したことによって、それまでの自分からは全く想像することができなかった、子供がいる人生を送ることになったのです。実際に娘がいる家族生活はとても楽しく、あの時の「起業しよう！」という決断は間違っていなかったと思っています。

起業方法には多くの種類がありますが、「どう生きたいのか」、「どんな働き方をしたいのか」をよく考えて、自分に合う「起業スタイル」と「商材」で起業をすることが重要です。

私は、仕事も、家族との生活もどちらも大切にしたいと考えていますので、ライフイベントに寄り添いながら無理なく進めていける起業スタイルを実践しています。場所や時間にとらわれない「外部委託を活用したコンパクトなビジネスモデル」のため、例えば子供に手が掛かる時期や、自分が病気になった時には、仕事を調整しながら継続することが可能です。

最近では「人生120年時代」とも言われ始めていますので、長い人生の途中で何が起こっても不思議ではありません。これまで以上に、「自由な働き方」が重要になるのではないかと思っていますので、起業スタイルの一つとして皆様の参考になれば嬉しいです。

最後に、突然ですが質問です。

「Who are you?」あなたは誰ですか？と自分自身に問いかけてみてください。

自分は何をしている人なのか、明確に答えることができますか？

自信を持って笑顔で答えることができないのなら、今の状況を変えるために行動あるのみです！

私の経験やメッセージが、新しい事を始める契機になれば幸いです。


山代佳子さんのInstagramからのお問い合わせはコチラ ――――

あなたへ贈るメッセージ

人生の素敵なライフイベントは
自分でつくることができる
「どう生きたいのか？」が大切。

「自分という素材」を通じて「人生という作品」を創り上げると決めた瞬間、未来は変わる

ヨガ養成スクール経営
からだデザインYoga Huali 代表
胡蝶かおり

1973年生まれ。大学卒業後上京しガラス工芸研究所でガラス作家を目指す。あるバイヤーの目に留まったことでガラス作家の道を進んだものの、父の他界を機にヨガ業界に転身。ハワイのマウイ島へヨガ留学しヨガインストラクターとして活動。その後、日本初のマンツーマンスタイルのヨガ養成スクール「YOGA HUALI Training School」を設立。

業界一握りのガラス作家として独り立ち

これぞ九州男児！と言われるような厳格な父を柱に、どんな時も笑顔で太陽のような明るさと愛に溢れ、少し天然だけど凛とし強さもある母をもち、9歳年上の兄・6歳年上の兄・末っ子の私という家族構成です。

幼少期の頃は天真爛漫に育ちました。メリーポピンズが好きな幼少期。雨の日が大好き。幼稚園に行く道すがら、雨の日は傘をさして足を止め、瞼を閉じて風に乗ってお空を飛べると信じながら立つことしばらく…はい、案の定、悪びれもせずに幼稚園を遅刻するという子でした。

厳しい父でしたが、すごく理解があり、器の広い父でした。「やりたい！」と思うことは全てチャレンジさせてもらえた環境。「失敗しても良いのだよ」と教えてもらい、失敗を恐れない！　一度スタートした事は最後までやり切る！という教えでした。

母の方はと言いますと、教育熱心でしたが、いつもおおらかな気持ちと優しさで見守ってくれていました。女性としての所作を身につけられたのも母のおかげです。常にリアルな生活の場が実践の場でした。

福岡生まれですが、なんと博多弁禁止！　常に標準語（笑）そんな環境で育ったので、博多弁も未だスムーズではない私です。父曰く、標準語はマナーという事でした。どこに出ても標準語だったら通用するし、普段の習慣が良いも悪いも出るからという理由。大人になり、言葉を扱うことも重要視される仕事、ヨガ講師でもある故、やっとわかるようになったものです。

学生までの時間を何一つ苦労もせずに、ある意味好きなことをしながら、恵まれすぎた環境で育ちました。今、振り返ると箱入りと言う名の重箱入り娘と言っても過言ではありません。ありがたいと思える今です。

大学卒業と同時に、どうしても東京に出たくて、その理由を見つけることにした結果、もう一年間、学生になることにしました。

その当時、デザイナーやモノづくりの世界へ行きたいと思っていました。卒業論文をガラスの世界をテーマにしたのがきっかけとなり、都内にあるガラス工芸研究所を見つけ、親に黙って試験を受けに行ったら、ギリギリのラインで合格。その後、怖さが際立つ父親にプレゼンテーションという説得をしました。厳格な父のＯＫをもらうには、まず理論を組み立てて納得させるということが最大のポイントでした。あれよあれよと言う間に、そこからいよいよ、東京での生活がスタート！

夢の東京！と憧れながらも最初に住んだのは、当時兄が住んでいた浦安でした。物件を決めるまでの期間、そこへ1ヶ月居候。東西線が激混みだという事も知る余地も無く、また、千葉と言う認識もなく、都会だ都会だ〜とぬか喜びだった当時の私。

そこからいよいよガラス工芸研究所で、ガラス造形作家・ガラス作家を目指すべく学びが始まりました。いざ入学してみると、ガラス研究所では強者揃い。当時の私は、プライドだけが無駄に高く、周りと比べてしまう自分がいたということに初めて気づきました。

国内外問わず、有名な美術系大学卒業のハイスペックに囲まれ、日々周りの凄さに押し潰れそうになっていました…。ガラスという素材で、初めて指を切った時はもう耐えられなくて、「もうやだ〜」と言って授業をぶっちしたこともあります。

そんな中でも、一通り、真面目に学校へは行き、授業や課題はこなしていました。そして、遊びもしっかり経験。学校を終えて、夕方から22時までは駅付近の小料理屋さんでバイト。その後は、友達と青山や表参道のＣｌｕｂへ夜な夜な遊びに出るという事を繰り返す日々。〝ＴＨＥ ＴＯＫＹＯ〟を満喫といったところでしょうか！　今、思えば、若さって怖いもの無しですね。

その一方で、ギャラリー通い、美術館巡りなど、1週間に最低でも3回は行っていた記憶があります。様々な作家さんや職人さん、デザイナーさん達の作品に触れに行っていたな〜。ま、そんなこんなで時も過ぎ、気づけば卒業もすぐそこ。卒業間際、ギャラリーをお借りして個展を開きました。

その個展の際、あるインテリアショップのバイヤーさんの目に留まり、それがきっかけとなって、ガラス造形・ガラス作家の道に進んでいくことになったのです。

そこから順調にガラス作家としての道を行きながら、また、アーティストさん等を顧客に持つようにもなり、順風満帆とはこのようことだと感じながら、さらに新たなご縁で衣装デザインという世界へ！　ひょんなことから身を置くことになり、衣装の業界へ！

ガラス造形の世界にいたからこそ、表現する素材は常にガラスから始まりましたが、自分が人生を歩んでいく中、気持ちがどう変化していくかはわかりません。素材はその時々で変わるかもしれないけれど、表現していくこと、何かを創り上げていくことは一貫していこうというスタンスでした。

全ての出来事には意味がある ――人生の分岐点――

そんな中、プライベートも常に恋愛はしていたな〜笑。もちろん！　そこから今日まで、大人として、女性としても、一通りの経験はして参りました。はい。きっと知らない方々も多いかなと思うので、この原稿を打ちながら、今だから言える、そんな気持ちになっているのでドーン！　解禁します。

私には成人しているとても可愛い娘がいます。シングルマザーで？と思われる方もいるかと思いますが、違います。彼女がまだ小さな頃に別れました。原因はきっとお互いにあるのだろうと、今だから思うことができます。

本来だと母親が引き取るということの方が一般的なのかもしれません。けれど、娘を引き取るのであれば、実家のある福岡に戻って育てて欲しいと、別れる時に条件を言われました。福岡に帰らないで、東京での仕事を取るのであれば渡さないと元旦那に言われ、その時の私は何を血迷ったのか仕事をとったのです。今思い返すと、自己本位だったのでしょうか…。

そこから、引き裂かれるかのような別れ方。色んなことが散々。もう何もかもが嫌に。生きる気力も無くし、一気に絶望的に。もう目の前は真っ暗。生きるなら尼になろうか、それかいっそのことマンションから身を投げるか…とさえ追い詰めていたのです。自分で自分のことを。まさに人生においてのどん底を経験しました。

娘に会わせてくれない日が続き、気づけば一年もすぐに経ち、なかなかこの状況・心境から抜け出せませんでした。出口のないトンネルにいると感じるぐらいに、何もかも受け入れられずに悲しみに暮れる日々。

見るに見兼ねた私に、母はこのようなことを口にしました。

「かおりさん、あなたの運はもう使い果たしたのよ、これからは運を創り出していくだけだよ。」という言葉でした。

そんな母からの言葉にハッと目覚めました。

私はまず、「一日一善」を実践することを決め、自分自身にコミットしました。そのコミットはゴミ拾いという行為です。誰に褒められることを求めることもなく、良いと思うアクションを実践に移すだけ。

このゴミ拾い、やると決めたものの、最初はなかなか思うように拾えずの日々が続きました。それは行き交う人々の目が無意識に気になっているから拾えないのです。落ちているゴミが目に飛び込んでくるけれど、思わず通りすぎる。自分の気持ちと葛藤するからまた後ずさってそのゴミを拾う。その度に、なぜスムーズに拾えなかったの、私。と自問自答でした。

小さなことかもしれませんが、少なからず地域や人のお役に立てているかなと思います。そして、心が鍛えられます。他の人の目が気にならなくなります。ゴミを拾って、綺麗になって、自分の心も鍛えられて一石二鳥、いや三鳥！

これが運を作り出す、運を貯める行為の一つだったのです。人によってはゴミ拾いでは無いかもしれません。ポイントは自分ができそうなことから始めることです。

いつまで続くかわからない、暗くて長いトンネルだけど、このトンネルも一生は続かない。必ず光さす日が来る。今がどん底ならあとは見上げていくだけ。やるのみ。這い上がるだけ。そうするしかない！と思うことが出来たのです。

様々なことが込み上がってきて、自分の愚かさに情けないやら悲しいやら、悔しいやら。娘と離れたこと、離れざる追えない状況の今、これさえも自分でつくり出した結果ですね。そこからはある意味開き直りでした。そう！　一旦、人生リセットする事を腹に決めたのでした。

それから少し時が経ち、予期せぬ父の他界。自分の身を置く環境や取り巻き、全てが一転しました。今、ここにいるからはっきりと言えます。起こること全てには意味がある、必然だということを。

「この言葉を伝えて、君に対しての父親の役目は終える。」と父が優しく私に語りかけました。「生かされていることへの感謝の気持ち、今ある姿は当たり前ではないんだよ。」と。それが父の姿を通しての最後の学びでした。

日に日に弱っていく父の姿を目にして、ふっと何かが舞い降りてきたかのように、「私がこれからやるべき、進むべき道はもっともっと身体を大切にし、心も大切にし、磨き、誰かの何かのお役に立つことではないのか。」と感じました。

衣装の世界ではなく、これからは「自分と言う素材」を通じて、「人生と言う作品」を創り上げていこうと決めたのです。それが私の出した答えでした。

思い描く道がある程度形になり、土台を築き上げるまで、娘のことを想う気持ちは一旦心の奥深くに閉まっておこうと決めました。当時は今ほどに強くない私だったからです。悲しみ・苦しみに暮れる暇はないと言う事もありました。そう決めたらもう後は行動するのみです。振り返ると、それが人生の分岐点だったと思います。

ここからは早い。あっさりと未練も残さずに仕事を辞め、まずはヨガインストラクターになる！と決め、スクール選び。その当時、思うようなスクールがなかった為、いっそのこと、海外でヨガ留学と言うのも良いかも？と考え調べに調べて、ついに決定。

その時の私は、ヨガという何となくのイメージだけで行くという状況でした。そんなこと一切気にする事なく、ハワイのマウイ島へヨガ留学しに行きました。そこから行ったりきたりの一年。学びの一年でしたね。よく何度も足繁く通わせて頂きました。

東京へ戻り、すぐにヨガインストラクターとしてフリーでの道を歩むことを選択しました。しかし何度となくオーディションには落ちる落ちる…。（凹む凹む）

そこで何が足りないのか自分なりに検証しました。まずＲＹＴ２００というヨガ資格を取得したら大丈夫！　くらいに思っていたその認識の甘さ。そして何一つ復習もテ・キ・トウでその場凌ぎの練習でやり込もうとしている自分。冷静に考えればわかることですが、その時は気づけなかったな〜。

駄目じゃん！　私！　そこからエンジンがやっとかかり、毎日、毎日、ヨガ三昧。ヨガプラクティスの繰り返し。かなり追い込んだ記憶があります。そして様々なヨガレッスンを受けまくる日々でした。

徐々にヨガ一本で確立できるようになり始めたのは、ヨガインストラクター資格取得後、

1年経つ頃でした。やっとノンストレスの日々に。笑顔溢れる楽しい日々を実感できるようになり、生きる事そのものがパラダイス状態。これはホント！

人生を学べるヨガ養成スクールを開設

そんなこんなで、ヨガインストラクターとしての道5年経つ頃、ヨガの業界の良いも悪いもが目に付くようになり始めました。ヨガ養成スクーへ通ってもヨガインストラクターとして活躍できない。資格取得しただけの状況が溢れかえっている。そして無駄にプライドばかりが高く、まともなレッスンもできない。このようなヨガ講師が多くいる事に気づいてしまった私。

そこにはシステムの問題がありました。大人数スタイルのヨガ養成スクールがほとんどなのです。例えばひとクラス20人いたら、その20人に対して、一方通行な同じ教え方。そのクラスの中では確実に実力に差が出ます。ですがスクールは痛くも痒くもないのが現状です。ひとり一人と丁寧に向き合えないのです。キリが無いですからね。

教えて、試験も皆合格すると言う、ただ資格を発行する。要は、ところてん方式。入れては押し出しての繰り返し。卒業したら活躍できると思っていた子達も落胆。資格だけぶら下げた状態。はい、だいたいのスクールはビジネスビジネスしているから、しょうがないのかもしれませんね。

そんな状況を目の当たりにしながら、私なりに色々と調べてみた結果、スクールで学び、卒業と同時に直ぐに活躍できるヨガ講師を育成できないものか…いや、そんなスクールを作れるのではないかな?と思うようになったのです。自分が学んでいた時のことを振り返りながら、もし学び直すならば、どんなヨガ養成スクールがあったら良いかなと思いながら、リストをあげていったのです。それを見返した時にこれ!　私確立できるかも?と無謀にも感じた訳です。

そこからです!　当時、日本では初めてのスタイル。マンツーマンスタイルのヨガ養成スクールを設立しました。それが「からだデザインYoga Huali」です。5年前に改名し、今の「YOGA HUALI Training School」です。

マンツーマンスタイルだからこそ、一人ひとりと丁寧に向き合えます。受講生にとっては目の前の講師を独り占めできる環境。願ったり叶ったりの贅沢な学びのひと時です。

スクール設立から3年目に突入。しかし、まだ一人とお問い合わせが無い状況でした。流石に、この状況は良くない。ですが、まずは何事も石の上にも3年という言葉があるように、粘ってみたのです。けれど預金も徐々に無くなっていき、(その当時、バイトもしましたよ。今でも覚えている、中野坂上にある小さなオーガニックレストランでした。)プライドなんか持つ必要はない、そんなこと言っている場合でもなく。自分が設立したスクールのポリシーや概念に必ず共感してくださる方がいるはず。一人きたら、必ず二人目がある。ということだけを信じ、自分自身の事も信じ粘りました。

3年目も中盤に突入する頃、ブログからお一人お問い合わせがあり、そこからがあれよあれよで、1年間であっという間に気づけば入校生が33人！！！！ 忘れもしないこの人数。今までの空白の3年間は何だったのか?! 今ではその時間がとても大切であり、必要だったのだと感じます。

1人では対応できなくなり、導かれたかのように、ご縁がまたご縁を呼び、素敵な講師陣と巡り会い、スクールは本格的にフル回転スタート。日々目まぐるしく過ぎていく中で、1年、また1年とスクールも軌道に乗り、全ての歯車も噛み合い良い感じの毎日になりました。

マンツーマンスクールだからこそ、正直もの凄いパワーが必要で、エネルギーを使います。最初のうちは毎度、魂抜かれる感覚でした。正確には受講生から吸い取られる感じといった方が的確かな。ヨガの学びって、綺麗なポーズを取ることではなく、心と体のバランスを図り、常に安定した穏やかな状態をキープすることなのです。

それはなぜかと言うと、ヨガの学びそのものはご自身と向き合い、それぞれの人生を、心を通して、体を通して、更により良くしていく為のすべを学び身に付け、リアルな人生が実践の場であり、学びの場としているものなのです。そう、人生より良くしていくと言うこと。

そのためには、まずは自分を知ることから始まります。ヨガ講師になると更に言えることですが、言葉選び、表情、所作、普段の生活の習慣が全て様々なシーンで現れるのです。もちろんヨガレッスンにも全て出ます。なのでスクールのテキストだけで勉強したって身につきません。

生きてきた分の良いも悪いもの癖・習慣をまずは見直す事が重要です。身体の使い方にも癖があるように、内側の心の使い方にも癖・習慣があります。だからこそ、気づきを得るためには自分自身と向き合うこと、生かされている場所がリアルな実践であり、訓練の場になるのです。

そのやり方を独自の育成法にのせて常に本気の授業を行い、一人一人が必要としていることを受け渡すのがＹＯＧＡ ＨＵＡＬＩのスタイルです。これは他のスクールは真似できません。もし真似できたとしても同じ結果は得られないでしょう。小手先だけでは無理だからです。様々な受講生達と超本気で向き合う育成術なのです。

ヨガ養成スクールの門を叩かれるお客様に、いくつか共通して言える事があります。まず、自己肯定感がビックリするぐらい低いと言うこと・自分に自信がないと言うこと・自分をより良く変わりたい、良くしたい・人生を変えたいと言う様な思いを抱えた方が圧倒的に多いです。

スクールにお越しになる受講生一人、ひとり、スクールでの44時間内で、0・1でも変わっていく経験を積み重ねていくからこそ、卒業する頃には自信に満ち溢れた表情に変化し、所作や言動、醸し出す雰囲気、全てが生き生きと輝き内側からの綺麗さを放つようになります。幸せで楽しい日々と言えるようになるのです。これってとても素敵なことです。

皆様からは〝人生を学べるスクール〟〝このスクールで学べば間違いない〟とまで言われるようになり、気づけば10年以上の月日が経ちました。変われない人なんていません。変わりたい！　変えたい！と言う気持ちを持ち続けているのであれば、まずはＯＫです。

人生は時にサバイバル。選択はいつだって自分次第！

1日24時間限られた時間。皆、平等に与えられた時間。人生歩んでいく道中、大変なこと・辛いこと・悲しいことは付き物です。避けては通れません。だったら、不平不満を感じながら過ごすよりも、まだ起こってもいない未来の不安を感じる事よりも、全てひっくるめて、昨日よりも今日と言う風に笑顔が一つ増えていく日々に、どんな未来があるのかわからないからこそ、日々を丁寧に、心から笑顔で忙しさも・大変さも楽しみながら人生切り開いていけると良いですよね。

人生は時にはサバイバルの様なものだと感じます。そして〝人生は旅〟の様なもの。どのような旅にしていくのかは全て自分次第で如何様にもなると思います。

私が今まで生きてきた経験がもととなり、今もリアルな現場で伝えていっている最中です。少なからず私自身は最初からできると言うこともなく、良いことばかりの人生ではないと言うことも経験し、紆余曲折、悲しさを覚え、苦くて辛い経験を乗り越えていきながらの今な訳です。

誰しもが、最初から不幸を願って生まれてくる訳でもなく、最初から離婚しようと思って結婚する訳でもなく。目標・目的が違っても、皆幸せになるために生かされているのだと感じます。そしてそれぞれの役割・使命のようなものがあるのかなと感じます。

一人で起業することの大変さ、女性起業家と聞けば響きは良いかもしれません。ですがその裏の舞台では様々な事と葛藤しながら、一つ一つを乗り越えながら築いてきています。そして時には孤独なものです。常にフットワークは軽やかに、そしてアップダウンもコントロールしながら広く目を向ける必要もあり、とっさの懸命な判断も必要とされ、時には忍耐も必要です。どんなことがあっても笑顔を絶やすことなく、ポジティブで元気よく。そして自分がお手本になるべく、日々気づきを得て学び実践の繰り返しでもあります。

自分の人生の舵取りは自分でしかできません。だってご自身の人生ですから。人生も土台が重要です。そのどっしりとした崩れない土台があるからこそ、軸と言うものが立つのです。自由に選択できる人生を！　自立した女性に！　自分の足で立てるようになると言うことは全てにおいて繋がってきます。これからの時代は特に自分の身は自分で守れる術がマストです。既にそうなってきています。精神的自立。お金の自立。全てリンクしていきます。

何か夢や希望、思い描く未来があるとするならば、ベストを尽くす前に、やり切らないうちに諦めて欲しくない。ましてて、自分なんてと言う風にジャッジしないで欲しい。そこに辿り着くまでの道のりは、早いかもしれないし、時間がすごくかかるかもしれません。わからないからこそ、自分自身のことを自分で信じてあげること！ そして何事もシンプルに考えること。

Yes or No、やりたいかやりたくないか。至ってシンプル。そこに今の自分自身のあーだこーだの感情は入れない。自分のことを丁寧に扱うことが大切。全てにおいて繋がるからです。

自分のこともわからないで相手のことを知るのは難しく、自分の長所も短所も認めるからこそ、相手を受け入れることができるようになるのです。自分と向き合えるからこそ、真に家族や友達やパートナー等と向き合えるようになります。

一瞬一瞬を意識し、心地よい方の選択をしていく。その積み重ねが心地よい日をつくり、また日々の積み重ねが1年となり、更にその積み重ねで人生が創られていきます。常に丁寧に。

どんな時も穏やかな心と愛あふれるマインドでしなやかな中にも強さを持ち合わせ、楽しく生きられるようになる女性が増えていくことを願っています。一人でも多くの女性達のお役に立てられるように、私自身も更に向上し続け、人生と言う壮大な作品を創り上げながら、輝ける女性の皆さん達には勇気を希望と自信を、私を通して伝えて行けたらなと思います。

胡蝶かおりさんのＩｎｓｔａｇｒａｍからのお問い合わせはコチラ ——

あなたへ贈るメッセージ

自分自身のことを
自分で信じてあげること。
そして、何事もシンプルに考える。

インスタフォロワーを4・5万人まで伸ばし、子育てしながら自分らしい働き方を手に入れた起業ライフ

SNSマーケティング事業
KONOHANA代表
中村まき

1983年宮崎県育ち。妊娠出産後、ベンチャー企業に就職したものの、子どもの不登園を機に働き方を模索し起業を決意。Instagramをいち早く取り組んだ結果、現在はフォロワーが4・5万人になり、SNSマーケターとしてSNSを活用したビジネス戦略を伝える。これまでの相談件数は800件以上で、クライアント数は全国で60名以上を超える。

九州の田舎からSNS戦略で私らしい人生を掴み取る

「こんなにお金を稼ぐことが楽しいなんて」

「入院していても稼ぐことができるってなんて最高なのだろう」

「まきさんがいてくれて、私の人生は変わった」

これは私の仕事を代弁してくれるお客様の声です。日々、クライアントさんからのうれしい声を背に、楽しく自分自身の今の生き方に自信と楽しみを感じています。

順風満帆に思われがちですが、私自身も人生を大きく変えた一人の女性です。


初めまして！　九州の南「南国・宮崎県」在住、SNSマーケティングとコンサルティングをメインにお仕事をしながら、インフルエンサー、フリーモデルとしても活動している、中村まきです。みなさんからは「ぶちまきさん」や「まきさん」など、先生というよりはビジネスにおいて一番近い存在として、日々多くの方に携わらせていただいています。

お仕事は、個人の起業したい方や、起業されご自身がやりたいことやサービスがある方、フリーランスで活動されている方、そして企業向けに、ＳＮＳを通して認知拡大、そしてビジネス戦略を含めてビジネスを軌道に乗せるお手伝いをしています。

ビジネスというと、とても難しく感じてしまいますが、その人らしい生き方やライフスタイルを手に入れるためのビジネスの基盤づくりをベースとしています。もちろん、ご自身の夢や好きなことをしっかりマネタイズしていきます。

また、企業様の想いがより伝わるようなプロモーションやプロデュース、ブランディングやインスタマーケティングなど、多種多様なビジネスに携わらせていただいています。

私は現在、九州の田舎からＳＮＳ、主にinstagramを使ったマーケティングをメインに全国へ発信し続けています。ありがたいことに、お客様は九州だけではなく日本全国に。一番遠くはイギリスにまでクライアントさんがいた時期もありました。こうして田舎から、自身の作り上げたマーケ戦略を通して、日々仕事ができることはとても幸せなことです。

というと、みなさん初めから知識やノウハウがあったのでは？といった、〇〇さんだからできたのよという、思考に切り替わってしまいますが、実施はそうではありません。

私だって、今こうしてこの本を手に取ってくださっているあなたのように、スタートした６年前は人生の岐路に立たされて、右も左もわからない、不安で不安でしょうがない…。そんな気持ちで日々を過ごしていたのです。

私のこのメッセージを通して、より多くの女性や今悩んでいる方々が、少しでもきっかけや希望をもって読んでくださるとうれしく思います。

子どもがいるから就職できない!? ワーママの苦悩

就職活動に励んでいたころは、就職氷河期と言われた時代でした。今のコロナ期と似ていて、先行きは不透明。企業の安定どころか正社員など地方になると稀でした。

私は服飾専門学校の講師、市や県の臨時職員、着ぐるみ制作会社、精神科の訪問看護ステーション、ベンチャー企業でEC業界のお仕事などたくさんの経験をしてきました。

宮崎という土地はのどかで人柄がよく、山と海、神話が根強い自然豊かな魅力的な街です。しかし交通の利便性は乏しく、地下鉄もなければ新幹線も通らない、陸の孤島と言われる側面も持ち合わせています。

女性は結婚を機に家庭に入ることが多く、パートナーの収入をメインとした家庭が多いのが特徴的です。私が人生の岐路に立たされたこと、それは子供の妊娠・出産でした。

まず、ここで一度、私は大きく挫折します。

当時、着ぐるみ制作会社に勤めていました。仕事は営業事務で、制作する着ぐるみの営業やお客様とのやり取りを行っていました。一つとして同じものが出来上がらないこの仕事にやりがいを感じが心から楽しんでいたのです。たくさんのキャラクターに携わることができ、私にとって最高の職でした。

しかし、妊娠出産でやはり同じ部署への復帰ができず、これまで頑張ってきた自分がなんだったのか自問自答する日々。やりたい仕事をすることができず、退職を決意します。

その後、いったんは子どもを優先してみようと、パートに切り替えて働き始めたわけですが、すぐに挫折してしまいます。職を転々とした理由は1つ。収入の低さが問題でした。地方では正社員の事務でも手取りは10万円前後。収入の低さに、私は新たに正社員としてのワーキングママを目指すことになります。ただ、この時の条件はとてもシンプルで、土日祝日がお休みであること、お給料が高い会社のこの2つに絞って就職活動を再開し始めました。

この時にすでに年齢は30を超えていて、ママであることがどれだけマイナスなことなのか知ることになるのです。受けた会社は26件。この件数はいまだに忘れられない数字です。26件中、面接をしてくれたのはわずか2件だけ。応募条件にいくら該当していても「子どもさん小さいんですよね」「ママですもんね」といった理由からすべて落とされていきました。社会の宝であるはずの子どもがネックになるとは、母親になって初めて味わった感情でした。母親であることでこんなにも悔しい思いをしたのは後にも先にもこの時だけです。

そして同時に、ママってどれだけ大変なんだろう、と将来的な不安が出てきたのもこの時でした。しかしありがたいことに、私の経歴を楽しんでくださったベンチャー企業が内定を下さり、再度ワーキングママとしていく人生を歩むことになります。

母親としての条件をメインとした就職だったこともあって、EC業界にどっぷりつかるのは初めて。すべて専門用語でなされる会話に日々ついていくのがやっとでした。

この頃、娘はというと、慣れないこども園の生活に少々困惑気味。毎朝やっとの思いで起こしては準備して、こども園に送り届けて、始業ギリギリに会社に駆け込む生活が始まりました。

それから半年ほどたって、事件は起きたのです。娘から「行きたくない」という発言がちらほら。はじめはまったく気にしていませんでしたが、日に日にその言葉はどんどん増えていきます。行きたくないという発言から、朝起きるのを拒み、やっとの思いでご飯を食べさせて車に乗せようと思ったら断固拒否。当たり前ですが、いくら登園時間をずらしたところで会社に間に合うはずもなく、地獄の日々がはじまりました。

この地獄は約半年間続くのですが、このときの葛藤と言ったらもう…。当時のあの時期を思い出すと、これでもかというほど自分の不甲斐なさや母親として失格だと突き付けられているような、そんな感情を思い出します。

当時の娘の状況は、私が園に送り届けても、大泣きしながら後を追ってついてきました。園の先生やお友達がたくさん協力してくれましたが、朝のこの時間は私にとっては本当に地獄で。仕事に少しでも早くいきたい私と、母親としてこの状況でいいのかという私。常に葛藤していました。

園に預けて、やっとの思いで職場の席に座った途端、園からの連絡。この頃の私の勤務時間は朝9時〜18時。朝10時に出勤しても、お昼過ぎには園に迎えに行くなんてことが当たりでした。私が担当していたお客様方は、同僚たちが全てさばいてくれて、私の状況を黙って全力で支え、応援してくれていました。

この会社と職場の上司や同僚には今でも頭があがりません。日々の私と娘の状況を全力で理解してくれようとしてくれました。会社側で何ができるのかを真剣に考えていてくれたからこそ、私はこの状況で半年間も会社員として働くことができたのだと思います。

だからこそ、私自身この会社に恩返しがしたくて、【退社する】という考えは全くありませんでした。しかしその一方で、日に日に悪くなっていく娘の状態。会社にいる時間も極端に少なくなっていきました。

とある日、娘がすんなりこども園に行けた日があったのです。今日は珍しいなあと思いながら車に乗ったとき、めまいがして動けなくなってしまいました。上司に連絡してその旨を伝えたところ、今日はゆっくり休んで心を休めなさいと連絡いただいたのです。その時、何か張りつめていたものが一気に切れ、思わず車の中で大号泣している私がいました。

その日、1日中、今後私はどう生きていくべきか、今のこの状況ですべてがベストに向かうにはどうしたらいいのか散々考えました。その結果、「退社」という道を選ぶことにしたのです。

上司にその旨を伝えたところ、「子どもほど大事なものはないよ」と優しいお言葉をいただいたのです。上司も、お子さんのご病気で入退院を経験されており、静かにいろんなお話をしてくれました。現在もこの言葉が私の支えであり、本当にかっこいい上司に助けてもらったなあと今でも忘れることができません。

同僚も退社まで全力で支えてくれましたし、もっとこの会社にいたかった、と起業して今の生き方を選んでいても、一番の心残りなくらいです。

起業という新しい生き方で大切な人を守ろう

ベンチャー企業を退社後、私はまた岐路に立たされます。また一から就職できそうな場所を、会社員またはパートで探して、手元に入る収入の中で暮らしていく選択をするのか。または新たな選択をするのか。

ただ、数年前の就職活動で26件もの企業を落ちている経験があります。それに、娘が落ち着いたとしても、どこかでまた不登校になったり、いじめにあったり、いつ何時何があるかわからないと思う自分もいて、なかなか就活に踏み切れませんでした。

そんなある日、いつものように泣きわめく娘を助手席に乗せ、園に向かって車を走らせていた時のこと。車で流していたワイドショーに「起業女子」の特集がされたのです。

その特集の中では好きなことで起業する女性が多くいること、自分らしい働き方を求めて起業している人がいることなどがたくさん語られていました。それを見るや否や直感的に「これだ！」と思った私は、その後起業へ向けて動き始めます。

私にとってこの「起業」というものは私の働き方を大きく変えてくれると思いました。そして、今後年を重ねていっても、子供や家族に何か起きたとしても誰に迷惑をかけることもなく、ワークスタイルを確保できると思ったのです。そこから私の起業ライフはスタートしました。

まずやったことは、起業するためにはどうしたらいいのかということを調べること。そして、起業している女性は私の住んでいる宮崎にどのくらいいるのか、できれば会いに行って実際に話が聞きたいと思ったのです。

私が起業したころは、起業女子ブーム。気軽に起業する方がとても多かったように感じます。特に年齢は40歳後半の方が多く、私のような本業にしてしっかり稼ぐというよりは、子どもさんが落ち着いて好きなことで稼いでいきたいという、趣味の延長に近い人が多かったように思います。

実際に宮崎の起業家さんとつながりを持ちたく、起業した1年目はとにかく横のつながりと縁をつないでいきながら情報を集めようと必死でした。当時はこの宮崎でも異業種交流会や朝活がたくさん開催されていました。情報を集めたところ、皆さんやりたいことがあって、自分らしいライフスタイルを優先しながら起業されていて、果たして私自身は何をベースに起業するのかをとことん検討しました。

私は高校の時に食品専科だったこともあり、食が好きで、妊娠した時に薬膳の資格を取っていました。そのことから、「薬膳講師」としてまず起業することに決めました。

まだその頃はマーケティングやSNSに強かったわけではありませんでしたから、ネットで見つけたマーケティング記事をもとにビジネス戦略を作っていました。

当時、宮崎には薬膳のお店は1店舗。しかも薬膳のことを教えてくれるような講座はありませんでした。ここはチャンスだと思い、トライすることに決めたのです。

起業することはとても簡単でした。すぐに明日からできるのが起業です。いつでもどんな人でも資格など必要ありませんし、経営ノウハウがなくても起業はできます。高校からたくさんの資格を取っていましたし、どこか「資格が武器だ」と思っているところがあり、安易に考えていたのです。しかし結果は惨敗でした。

起業してすぐにスタートしたのは薬膳の講座。自分で作ったPOPを手配りしたこともあります。当時動かしていたSNSはFacebookとブログの二つでした。ひたすら、思いつく限りのことをできるだけ多く投稿していきます。時間だけはありましたから、一日に何投稿もしていました。

　けれど、初めての講座に来てくれた方はたったの7名。しかも友人が声かけてくれたお友達が来てくれたようで、初月の売り上げは3万円でした。明らかに私の力で集まったお客様ではありません。完敗でした。

　あまりにも少ない額。集まらないお客様。あれだけ動いたのに。あれだけ頑張ったのに。そんな言葉が頭をよぎります。自分自身で始めたことだとは言え、この結果はあまりにもつらい結果でした。ですが、この出来事のおかげで私の闘争心に火が付きます。

　昔から負けず嫌いだったこともあり、この自分のビジネスをどう軌道に乗せるのか、ビジネスを基礎から学ぶことに決めました。薬膳講座をやりながらビジネス書をあさったり、ビジネス講座に参加したり。貯金を切り崩しながら日々必死に動いていました。

　九州内を日帰りで、できる限りお金のかからない形で駆け回っていました。講座やセミナー代を捻出することさえとても苦労していましたから、自己投資として時間とお金は先行投資しようと腹をくくり、これからのために必死で動いていました。

　当時は、講座の売り上げより出費のほうが大きく、周囲の家族や友人など近い人たちは呆れ顔。みんなから起業したことを咎められていたのですが、ビジネスの学びはいつも何か一つできることが増えていくので、テストしながら修正することができ、それが私にとってはとても楽しかったのです。

とあるブログ講座に参加して3か月が経ったころ、ブログが1000アクセスを超えました。それまで全く手ごたえがないと思っていたブログだったので、うれしくてうれしくて。お金にこそなってはいませんが、私にとって大きな兆しでした。

そのころから、ブログを見て連絡を下さるお客様が増え、集客が少しずつ楽になっていったのです。また小さな町ですから、同時に口コミを作ることにも成功し、講座は毎月やれば最低でも10名は集客できるほど大きくなました。起業開始から自分で運用し、半年後には会社員程度の売り上げが上がるようになったのです。

講座料金は初めの頃の倍を頂けるようになり、講座自体も宮崎の各地で開催の依頼をいただくことが増えてきました。ローカルのテレビ番組や、マルシェなどにもお声かけいただき、これも全てブログの運用があったからだと思います。

自分という存在をマネタイズして生きていく

ブログから集客できるようになったきっかけから、今度はビジネスをしっかり学びたいという欲が私の中に出てきました。というのも、この頃になるとたくさんの「いいね」をいただき、コメントやDMを下さる同じ地方の方が増えていたからです。

また、薬膳だけで終わりたくなかったのと、私自身がもっと活躍することで、同じようなママたちや働き方を模索している人たちのきっかけになるような気がしたからです。ブログという一つの成功体験を得て、よりビジネスに深みを増したいとビジネスを学ぶことを選択しました。

現在私はSNSを通したビジネス構築を、instagramをメインで行っています。フォロワー様も45000名と大きなアカウントに育てることができました。SNSはたくさんありますが、その中でもinstagramを選んだのには訳があります。4年ほど前はinstagramが出たばかりで、これから来るSNSだといわれていた頃です。

まだ宮崎を含め、地方ではまだまだ主流ではなかったため、instagramに取り組んでいる人や店舗が少なかったことがあげられます。ここでしっかり構築していくことで、このSNSは資産になると考えたのです。ビジネス戦略を使いながら、instagramと相性のよいブランディングの手法をテストして、タグを細かく分析しました。

気が付けば、私に対する世間のニーズは薬膳の講師からSNSの講師に変わっていました。同期のフリーランスや起業仲間にもSNSのマーケティングについての質問を多く聞かれるようになり、今度はマーケターとしての道を選んで今があります。

現在は、マーケター、コンサルタントとしてのビジネス戦略の講師というメインビジネスの顔と、美容とフリーモデルという顔を併せ持ったマルチな活動が増えてきました。まさに、やりたいことをビジネス戦略に乗せて動かすことで、やりたいことや好きなことで売り上げを上げていく生活を手にすることができたのです。

これまでの相談件数は600件以上。クライアント様は50名を超え、ビジネス戦略の苦手な方を対象にスクールやコンサルをしています。当社のマーケティングは、ファンマーケティングを大切にしながらビジネス構築していただいているので、お客様との関係が深いビジネス構築が可能です。

また世に出ているマーケティングは地方では通用しないことが多く、地方に特化したマーケティング手法を女性心理に基づきビジネス戦略を組んでいくことで、より売り上げの上がる方法を独自で編み出しています。おかげさまで、クライアント様の売り上げももちろんですが、クライアント様達と一緒にビジネスを育てていくコンサルタントとしての生き方、働き方にとても誇りを持っています。

あの時「稼げない」という経験があってよかったと心の底から思います。そのおかげで今の私がいるのです。娘の不登園があったからこそ、私の人生を私が切り開いていく決意ができました。

「人生って自分が思うほど簡単ではなく、自分が思うより簡単だ」とよくクライアント様や生徒さんにお話ししています。思い通りにならないことをどう思い通りにしていくかが、人生を自分らしく生きていくための壁でありスパイスなのです。

よく自分らしくという言葉を耳にしていきますが、一人ひとり容姿も思考もセンスもすべて違います。同じ人は一人もいないのです。だからこそ、自分らしく生きることを構築しながら、自分という存在をマネタイズして生きていくことがその人の幸せであり、ライフワークにつながるのだと私自身は思っているんですね。

現在に至るまで、幾多の紆余曲折がありました。社会的な挫折もたくさんしましたし、子育てをしながら起業することの大変さを、身をもって感じています。

最近は生き方が多様化し、女性としてのライフスタイルに「正解」や「ゴール」がありません。私たちはどのような道を選択すれば、心地よく生きられるのか。女性は保守的な遺伝子が備わっているからこそ、自分自身から目を背けがちになりますし、自分らしさからかけ離れた生活を「仕方ない」と割り切って生きてしまうのです。

でも、どんな時もチャンスはそこら中に転がっていて、拾うか拾わないかであなた自身の人生はもちろん、ライフスタイルは大きく変わっていくのです。

私のところに来てくれた、クライアント様達の変化はすさまじいものです。誰一人、自分自身に悲観的な方はいないなと思います。でもそれは、悲観的になる必要がないことをビジネスを通して気づかれているから。適切な学びが、ご自身のビジネスや働き方を左右することが分かっているからです。

もちろん、起業がすべてではありません。ですが、ご自身の人生をご自身で選択することはどの立場からもできることです。あなたの人生がより良くなっていくための選択を、ご自身で選んでいくことを忘れないでほしい。

全ての人が誰かの望み通り生きていく必要はないのです。あなたがあなたらしい生き方を。私自身ももっとよりよい働き方、ライフスタイルを生きるために邁進していきます。

最後までお読みくださりありがとうございました。

中村まきさんのホームページからのお問い合わせはコチラ ——

あなたへ贈るメッセージ

人生を自分らしく生きるには、
思い通りにならないことを
どう思い通りにしていくかが大切。

「ゴールは幸せ」と決めて、後悔しない人生を楽しむヒント

ジュエリーデザイナー
Yコミュニティ代表

Yuring

1971年東京都生まれ。西千葉マロニエ通りのセレクトショップ「ミミシャトン」経営。ジュエリーを身につけることの楽しさを伝えたり、女性の特技を披露する場所を作ることで、心も佇まいも美しい女性を増やしている。人とのつながりや地域を盛り上げることを大切にこれからも進化し続ける50歳シングルマザー

30歳の私に送る『歳を重ねるのが楽しくなる手紙』

運転は苦手で助手席が楽だと思っているよね？　でも50歳のあなたは自分で運転して、どこへでも車で行けるようになっているよ。好きな時に、好きな場所へ、好きな人と、好きなペースで。

会社勤めが退屈で、何かやりたいと思っていたあなただったけれど、20年後好きな仕事で起業でき、好きな場所に住み、仕事もプライベートも自分のペースで自由に動けているよ。そして、子どもがいらないと言っていたあなたがビックリ！　ママにもなっているよ！

50歳になった自分が、今までの人生の中で一番好きで、楽で、楽しい！　そして、この先の人生もとても楽しみ！　自分で選択できる運転席の方が、本来の自分だと気づけるまでだいぶ遠回りしたけれど、気づいて行動していけば何歳からでも人生は変わるよ！

今ではそう思えるようになりましたが、若いころはとても生きづらかったです。口だけで行動できず、ぼーっと生きていました。でも何かよくわからない、『このままじゃ嫌だ！』という悶々とした気持ちだけはありました。

けれど何をしたらよいのかわからず、コツコツ努力することも達成感もなくて、人や環境のせいにして自分と向き合うことから逃げていました。

そんな時、神様は私に離婚という試練をくださりました。見たくない自分を見ざるを得なくなり、たくさんの気づきや学びを与えてくれました。少しずつですが考え方が変わり、行動して自信がついてきました。

好きじゃなかった千葉に22年ぶりに戻った2年前、好きじゃなかったのは自分だったことにやっと気づき、素直に認められました。（時間かかりました笑）今では自分のことが好きになり、人も好きになり、千葉も大好きになりました。

幼い頃の夢だったセレクトショップをオープン！

離婚して娘と実家に戻り、仕事をどうしようかと考えました。以前働いていた叔父と叔母の東京のジュエリーサロンから声をかけてもらったのですが、何かあったときにすぐ帰れる娘の近くで働きたいと思いました。

そしてある日、母とランチをしていたら「お店やっちゃう?」という話になり、翌日には不動産屋へ。それも当初行こうと思っていた不動産屋の手前にあった不動産屋になぜか入り、そこで紹介してもらった物件を見に行ったら、私がもうそこに立っているのがイメージできてしまい、すぐ決めました。(母もこのあたりでお店ができたらと思っていたそうです)自分たちの力ではない、何かに押されたような本当に不思議な流れでした。

2019年11月、西千葉にジュエリーのリフォームと洋服や雑貨のセレクトショップ『ミミシャトン』をオープンしました。思い返せば、小さい頃からお店をやりたいと思っていました。こんな形で夢が叶うのですね。

その直後にコロナになりましたが、あのタイミングでオープンしていなければたぶん開業は難しかったでしょう。生きたいように生きると宇宙が応援してくれる!という意味がそれ以来あるな!と思うようになりました。

人とのご縁にも感謝しかありません。愛に溢れている人たちが周りにたくさんいらして、助けられています。たぶん私が引き寄せています(笑)
最近は慣れない英語で、フランスやイタリアから直接仕入れができるようになりました。

（何歳になっても知らないことだらけで経験になります！）素敵なものをご提供して、お客様に喜んでいただけるのが何よりうれしいですね！

１００％準備できてから、自信がついてから始めるという方もいますが、やはりタイミングがあります。やりながら成長していけばいいのだと思います。自信はやりながらついていくものです。

お店がオープンする前の朝の時間に、ストレッチや講座、ワークショップをしています。参加される方々が楽しんでいただくことはもちろん、まだ自信がないと言っている教える側の女性たちにアウトプットする機会を作っています。みなさん自信をどんどんつけてきて、キラキラと輝いています。そんなママを見て、お子様たちも夢を持ってほしいと思います。

また、作家さんの作品を委託販売しています。昨年のコロナ禍ではマスク屋さんになり、作家さんとお客様の間に立ってお役に立てたこともお店をやってよかったと思えることでした。

素敵なお客様から情報を得たり、パワーをもらったり、学ばせていただいています。今ではお客様同士も仲良くなり、みんながエネルギーを循環できる場所になってきました。

私はモノを売るだけでなく、そんなコミュニティが作りたかったのです。

夢はどんどん膨らみ、地域を盛り上げる『みんなでプロジェクト』も立ち上げました。1人ではなかなか行動できなくても、みんなで応援しあえば、何か大きなことができると思います。

ジュエリーを気軽に身に着ける楽しさを伝えたい

1。ジュエリーを身に着けることで自信がつき、女性はキラキラと輝いていく

若い頃は自分に自信が持てないこともあると思います。私もブランドのバッグを持つことで、自信を保っていたことを覚えています。ある程度自信がついてきた今は、安いバッグでも好きな物なら持ちます。

ジュエリーの仕事をしていて思うことは、本物を身に着けていることで自信がつき、ジュエリーが似合う女性になっていくということです。だからこそ、私にはまだ早いかな…くらいのものを買うことをお勧めします。ジュエリーを身に着けることで、ますます輝いていく女性をたくさん見てきたから本当です。

2。毎日着けられて受け継いでいけるジュエリーは決して高くない

10万のジュエリーは高いかもしれません。でも、1年間つけたら1日300円、10年つけたら…。それをお嬢様に渡したら…換金したら…決して高い買い物ではないと思います。

私は叔父と叔母がジュエリーのお店をやっていた環境にあったおかげで、20代の初めからジュエリーを買う機会がありました。そのころから毎日のように着けているもの、春になると着けたくなるジュエリーがあり、長い時間ワクワクしながらそのジュエリーを楽しむことができています。

私は20代、30代で買ったジュエリーを50歳になった今でも飽きずに着けています。完全に減価償却しています。もちろん、その時は気に入って買ったけれど、着けなくなってしまったものは換金もできて、ちょっとしたお小遣いになりました。

3。Tシャツ・スニーカーにジュエリー

特別な日にジュエリーを着けるのではなく、Tシャツとジーンズに本物のジュエリーをさらっと着ける方がステキです。何気ない毎日が豊かで楽しい毎日になります

4。20代のうちにジュエリーを買っておく

その時は高いと思うかもしれないけれど、あとで振り返ると買っておいてよかったと思います。女性は結婚したり、子育てしたりすると、なかなかジュエリーを買うタイミングがなくなります。（お金持ちで買ってくれる旦那様と結婚したら話は別ですが）

自分で仕事をして稼いでいるときに、ジュエリーを含めて一生つきあっていけそうなものを買うことをお勧めします

5。デザインを変えて母から娘へ受け継げる

お母さまやおばあちゃまの古いデザインのジュエリーがあったら、着けやすいデザインにリフォームして、お守りとして着けることをおススメします。若い方はお金や時間の余裕がなかなかないと思うので、お母さまやおばあちゃまにリフォームしたものをプレゼントすることをお勧めしています。

6。自分を楽しませるジュエリー.

コロナ禍でも、ピアスを開けたり、リフォームして楽しんでいるお客様がたくさんいらっしゃいます。どんな時でも自分で自分を楽しませることはできます！　せっかく女性

に生まれてきたのだから、自由におしゃれを楽しみましょう！

人生を楽しむための13のヒント

1。格好つけず、ありのままの自分を受け入れる！

自分に自信がなかった頃は、格好つけて疲れていました。弱いところやダメなところも隠さず、さらけ出せたら自分も周りも楽なんですよね。今はミスしても笑えたり、ネタになったと喜べたり、年下の人にも知らない！　教えて！と言えます。

『あなたの強さは、あなたの弱さを認めることから育つ　フロイト』

2。思い込みを捨てると世界がすごく広がる！

人はこうあるべきとか、私はこれが苦手だとか、たくさんの思い込みをいつから勝手に作っているのでしょうか？

10年前の40歳の時

①車は助手席がいい。高速なんて無理です。

②先生は私から一番遠い職業です
③東京が好き
④コツコツは苦手、すぐ結果がほしい
⑤子どもはあまり好きじゃない、私はママには向いていない

50歳の今

①運転席が楽！　運転楽しい！　駐車もカッコよく停められなくてもＯＫ
②先生っぽくない先生がいてもいいよね…先生っておもしろい！
③地方も素晴らしく楽しかった！　今は千葉が大好き！
④コツコツ以外自分のものにならないでしょう？　コツコツも楽しめるようになってきたね！
⑤ママになって本当に世界が広がった！　子どもがかわいい！　子育ておもしろい！
シングルマザーになることまでは予想外だったけど(笑)
何歳になっても、思い込みをなくしていくととても世界は広がります。

3。ゴールを決める！

やり直して仲良くなるか、離婚するかと悩んでいた時、どちらにしてもゴールは幸せに

なる！と決めました。夫婦のコミュニケーションを学び、実践してみたけれどダメでした。だから執着せず、離婚を決断しました。

人生は決断の連続です。昔は優柔不断で決断できなかったけれど、決断してそのあとい い方向にいくように行動すれば、結果的にその決断が正しかった！となります。悩んでい るなら早く決断して、行動した方がいいことに気づきました。

離婚して実家に帰ってきたときも、周りの人たちはとても温かかったです。私が鈍感なのかもしれないけれど、たぶん私の『ゴールは幸せ』が伝わると思っています。

悲観していたら、かわいそうな目できっと見られたでしょう。未来は自分で設計してしまえば、その通りになる！

4。死生観を持って生きる

死ぬときに、あれもしたかった、あそこに行っておけばよかった、あの人に伝えておけばよかった…を一つでも少なくしたいから、明日、今度、いつか…じゃなくて今日やる！人生楽しんでいる人は、小さい行動も早い!! 死ぬ時から逆算するようになってから行動が早くなりました。

いつか行こう！（いつかっていつ？）今度やるね！（今度って？）そう言っている人は、

ずーっといつか・今度って言っています（私もそうでしたから…）やる人は小さなことからすぐ行動しています！

5．失敗をネタ作りと思えたら楽になれる

『人生、遠回りも必要だよ』と30代の頃言われました。その頃は意味がわかりませんでした。でも今ならわかります。失敗も含めて、人生に無駄はないと思います。失敗を恐れて何もしないことの方が私はつまらないと思います。

失敗ではなく、経験。人生はネタ作りだと思います。それをネタにして笑えるか、ただの失敗で終わるかは、どう捉えるか？　生かすか？　次第です。

6．素直さと行動力があればいくつになっても変われる

周りを見ていると、やっぱりこの二つが大切だなって思います。自分の思い込みをちょっと置いて、聞いてみる、試してみる。できない理由を探すのではなく、チャレンジしてみる！　年上の方でも素直な方は可愛いし、得をしているなあと思います。

7。『でも・だって・どうせ』は禁止

この言葉のあとにはやらない理由、言い訳がきます。言い訳しなくなると行動が変わってきます。娘との約束です。言い訳はしない。以上。

8。覚悟を持つこと

それさえできれば大体のことはできると思います。すべて自分が作っていることだと覚悟ができたら、自分と未来はもちろん、他人と過去さえも変わってきます。

9。コツコツすることが楽しいと思えたら…

コツコツ努力して結果が出ると自信になり、コツコツが楽しくなる。できれば子供の頃からこの習慣を身につけさせたいから、娘とともにコツコツを楽しんでいます。勉強も体作りも全部楽しみながら続けられる方法を自分で考えましょう。やっぱり一人じゃなくて、誰かと楽しく続けること！

10。子供が嫌いだった人の方が子育ては楽しい

たぶん、こんなママになりたいとか理想がないから楽なのだと思います。子供と一緒にママも成長を楽しんでいます。子どもから学ぶことが本当に多いです！

あとは面倒臭いと思っていたママ友に恵まれたこと（これも面倒臭そうと思い込んでいましたね）年齢も大きいかな…高齢出産は体力のある人ならおススメします。そのかわり、健康管理には気を付けていることと、娘に伝えたいことをノートに残しています。

11。変化に順応できて楽しめる人は強い

この10年で5回引っ越ししましたが、どこも本当に楽しかったです。どの場所も状況も、まず自分が受け入れ好きになれば、自然とその場所や人からも受け入れてもらえると思います。

時代の早い変化に翻弄されないよう、自分をしっかり持って、どこでも楽しめるような子どもが増えてほしいです。

12。文字を書くこと・ノートを作ることのススメ

筆跡心理学も学びました。発する言葉と同じように書く文字も意識して書いています。夢が叶っている理由の一つに、書く文字によって潜在意識が変わったからだと思います。

話す言葉と書く文字はとても大切だと思います。なりたい自分になるためにノートや人にアウトプットすることをおススメします。インプットすることよりもアウトプットすることが大切です。頭で考えるのではなく、心の声を聞くためにアウトプットをするのです。『自分の願いを叶えるノート』『子どもへ残すノート』『読書ノート』など。書くことで気づきがあります。忙しい女性は、自分を後回しにしてしまいがちですが、1日5分でも自分と向き合う時間を作るといいと思います。

13。読書のススメ

本を通じてたくさんの学びがあります。朝の読書会にも参加して、素晴らしい方々からおススメの本や考え方を教えていただいています。お店でも月1回の読書会を開催し、真面目に話す時間はとても楽しいです。ただ本を読むのではなく、本を活かす。自分のものにする。ここも行動力です！

50歳という区切りの歳に本を書けたことに感謝します。私が30代の頃、今の私くらいの年齢の女性の『子供を産んでおく人生もありだったな』という言葉をその時はピンとこなかったけれど、自分が40歳になったとき、無意識に思い出し、行動していたように思います。

有難いことに41歳で出産でき、子供を育てることで私の世界は何倍にも広がり、年齢とともに楽に楽しく生きられるようになりました。少し年上の一般の人の一言が意外にも心に残り、子供が嫌いだった私が子育てを楽しみ、人生が豊かになりました。決して自慢できる人生ではありませんが、悶々としていた40歳までの私に送るつもりで書きました

セッションをしていて思うのは子育てが落ち着いて、私このままでいいの？　私何が好きなの？　何がしたいの？と自分のことがわからない女性が多いことに気が付きます。どんな人たちと一緒にいるか？　どんな考え方をするか？で、これからの人生が変わっていきます。思い込みを作っているのは、自分。思い込みをなくして、世界を広げて、人生を変えていくのも自分だけです。


みんなで夢を叶えていきましょう！

応援し合える仲間を作りましょう！

そして、夢が叶っているイメージを持ってワクワクしましょう！

一度きりの人生楽しんだもの勝ちだと思います。

『ママは仕事か遊びかわからないね』って娘に言われたことがうれしかったです。まだまだここには書ききれないこともありますが、何かのヒントになればいいなと思います。

こうして原稿を書き終えて、お客様（私より10歳上の素敵なマダム）と話をしていたら、運転席で頑張っているのもいいけど助手席で甘えられるのも楽だよって言われて、そうだなって思いました。

だから、運転席も助手席もどちらも選べるのがいいなって気づきました。

『選択できる』ことが自由だと思います。

Ｙｕｒｉｎｇさんの Instagram からのお問い合わせはコチラ ――

あなたへ贈るメッセージ

思い込みを作っているのは自分。
思い込みをなくし、世界を広げて
人生を変えていくのも自分。

安定の年収1000万円を手放した結果、約2万人のフォロワーを持つ「幸せ講演家」に。

幸せ講演家
ライフスタイルアドバイザー

丸山真理

1984年生まれ。短期大学卒業後、20歳で親が経営していた飲食店を引き継ぐも、30歳で結婚・出産を機にお店を閉め専業主婦になる。その後、子どものために調べていた食に関する知識や情報、日本人の自己肯定感の低さ、環境問題などをInstagramで発信していった結果、フォロワーが約2万人に。現在はオンライン講座やオンラインサロンなどを手掛けている。

何でもトライする、チャレンジ精神

幼少期はとても裕福な家庭で育ちましたが、両親ともに忙しく、大きな家で一人ぼっち。外食が多く、幼いころから大きな家より、小さくても家族がいて笑い声が絶えない家や、質素でも手作りのお母さんのごはんが食べたいと感じていました。

出来の良い兄と比べられることも多く、自己肯定感が劇的に低かった私は、小学校のころから人の目を気にし、とても生き辛い学生時代を送りました。

一流商社に勤める父は厳しく、欲しいものを買ってくれるような親ではありませんでした。自分で稼げるようになったら自分の金で買え、人の金で高価なものを身につけるな、身の丈に合った生活をしろと言われて厳しく育てられました。

高校、短大時代は、実家が経営していた飲食店で時給８５０円のアルバイトをしました。しかし、通っている短大は俗にいうお嬢様学校と呼ばれる学校。ブランドバッグを持つのが当たり前のような風潮の中、時給８５０円のアルバイト代だけではシャネルやエルメスはとても買えません。当時、普及し始めたオークションなどでインターネットを使ったビジネスを思いつき、仕組みや流れさえ分かれば、物質がなくても自分でお金を作り出せることを知りました。

19歳で神戸の実家を離れ、大阪で一人暮らしを始めました。短期大学卒業と同時に親が経営していた飲食店を引き継ぎ、20歳からは経営全般を任されるようになりました。

この頃から父親と話す機会が増え、「人生に大切なものは目に見えないもの（星の王子さま）」「幸せはいつも自分の心が決める（相田みつを）」「人生で必要なのは勇気と想像力とサムマネー（チャーリーチャップリン）」こういった言葉を教えられ、今でもこの三つの言葉が座右の銘となっています。

飲食店を経営しつつも、自分でサービスを作り出したいという思いがかなり強くなり、アパレルの貿易やコンタクトレンズの個人輸入・販売、iPhone第一世代の時にパーツを個人輸入し、解体・組み立てまで出来るようになりました。

しかし、ビジネスを考えるも全ていまいち上手くいかず断念。その他さまざまな事を思いつき、トライするも失敗に終わりました。

30歳で結婚・出産を期に店を閉め、専業主婦になりました。子どもが3歳になり、幼稚園へ入園するのを機に何か仕事を始めようと考えていた時、たまたま見つけた完全歩合の営業職の世界へ飛び込みました。親に与えられたフィールドではなく、自分だけでどこまで出来るのか試したい気持ちが強くなったのです。

そして、がむしゃらに行動した結果、3か月で新人全国1位の成績を取り、ドバイの7つ星ホテル「バージュアルアラブ」で表彰されました。

順風満帆にいっていた営業の仕事でしたが、それと同時に子育てをする一人の母親として、子供が強く生きていける自己肯定感や日本の未来、地球の未来、子供が安心して暮らせる社会に興味が向きました。それから調べるうちに、日本人の自己肯定感の低さや世界が抱える環境問題、気候変動などを目の当たりにしたのです。

2020年のコロナを機に、自身のSNSで食の問題、社会問題、環境問題や気候変動についての発信を始めました。幸せでいるためには健康であることが必須条件です。「健康=食」ということで、当初は自身が今まで培ってきた食に関する知識や情報を発信していました。

しかし、コロナ禍によりメンタルがしんどくなる人が増え、若い人や女性の自殺が増えてしまっていることに危機感を覚えました。体の健康と同時に心の健康も守っていく必要があると気づき、自己肯定感について更に勉強をし、メンタルや自己肯定感についての発信を始めました。

当時3000人だったフォロワーが1年で18000人になりました。しかし、影響力が付き始めた時に会社からの調査が入り、何も違反はしていないものの、SNSでの発信を辞めるか会社を辞めるか3日以内に返答する様に突然の通告をされたのです。

その時点で営業の仕事は年収1000万、SNSでは0という状況。今後の生き方を考えた時に、お金ではなく自分が本当にやりたいことをする人生、世の中のため、人のため、誰かの役に立てるような生き方をしていきたいと思い、退社を決意しました。

今はSNSを中心とした活動のみに全力を注いでいます。

収入が確約された道vs先が見えぬ希望の道

「それなりの収入が確約された安定した道」と「全く分からない道」。退社を決断する時は、この二者択一だったので、シンプルに今後生活がちゃんとしていけるのか、子供をちゃんと生活させてあげられるのだろうか、漠然と先の生活への見えない不安がありました。

でも結局、根っこの部分を見つめ、私は何で迷っている？　なんでお金が欲しいの？それを買ってどうなるの？と紐解いていき突き詰めていったときに、そのゴールには私の求める幸せはなかったのです。

せっかく生まれてきたこの限りある命、残された時間の中で何かを残したい。それが目に見える会社や功績だっていいし、形にないもの誰かへの影響、モチベーション、勇気だって良い。私は何かを得たいんじゃない。何かを残していきたいんだと思いました。

そして更に決断の決め手となったのは、私にしかできないことはどちらだろうか？でした。やはり会社や組織に属していると、その時与えられた仕事をこなして評価され、その対価としてお給料をもらって終わりです。

しかし自分でサービスを作り出すとなると、本当に満足してもらえるのだろうか？という漠然とした不安が常にあります。自分で作ったものに自分で価値をつけるといったこと、そのサービスも対価としてお金を頂くことに対するお金のブロックを外していくという作業、価値が決まった与えられたモノしか売ってこなかった私には、それらが必要になりました。

自分自身をまず認めて愛し、自信を持たなければ、自分が作り出すサービスに魅力を感じてもらえることはないと思うのです。もちろん素晴らしいサービスや、内容を考え作り上げるのは大切ですが、それ以上にまず自分を満たし、自分を肯定し、自分自身が魅力的な人であることが一番大切なのだと気づきました。

正直、今の時代これだけ沢山のモノやサービスに溢れ、情報過多の時代に何が大切かというと結局最後はそれを提供している人なんだろうなと思います。

何を食べるかではなく、誰と食べるかなんてよく言いますが、まさにその通り。これからの時代は誰からそのサービスを受けるか、誰からその情報を聞くのか、ただ単にサービスを提供するのではなく、もっと深い部分での人と人との繋がりの時代になるのではないかと思っています。

お金ではなく、気持ち。誰かのためになりたい。という気持ちで動いていればお金は後からついてきます。人の為になることで感謝され、そして私も嬉しい気持ちになりその相手に感謝する、そんな愛のあるありがとうの循環がこれからは求められていくのだろうと思っています。

ピンチがやってきたら、ラッキーチャンスと思え！

基本的に私はピンチの時や辛いときこそチャンスだと思っています。それは、自分の人生を改めて振り返ってみたとき、自分が一番成長し気づきを得た時は、思い通りにいかず、いわゆる「失敗」したときや「苦難」に出会った時だったからです。困難や苦労もない人生は成長することもないのです。

私は常に自分が成長していきたいし、新しい価値観や自分に出会いたいと思っています。苦難や困難に出会った時は、それを辛いと思うのではなく、「あぁ、これを乗り越えたら成長した自分に会える。むしろラッキーだしチャンスだ。」と思うようにしています。

苦難や失敗に出会ったとしてもその起こった出来事は変えられないけれど、それをどう受け止め、どう自分の人生に意味づけをするか…それだけはいつも自分の手の中にあるのです。

そして、その中から何かを学び、気づきを得て更に良くなるきっかけにできれば、もはやそれは失敗や苦難などではなく、より良くなるための過程であり、最高のギフトになると思っています。だからこそ、そもそも私の中には失敗というものは存在しないと思っています。失敗を受け入れ、そこで挑戦することをやめてしまった時にそれは初めて失敗に変わるのではと。つまりは失敗でさえも自分で決めているということです。

もちろん生きていれば、思い通りにいかないことや苦難もあるかと思います。それをどう受け止めるか。それだけの問題で、そのあとに気持ちの良い景色が広がっている・強くなったさらに魅力の増した自分に出会えることを知っていれば、むしろ乗り越えたくすらなると思います。

もし挑戦して思い通りにいかなかったとしても、自分の気持ちに正直になって選んだ結果であれば納得が出来るはずです。そこに後悔はないと思いますし、もし人生で後悔があるとしたら、それはきっと失敗を恐れて挑戦しなかったことでしょう。

大前提としてこれを頭の中に置いているので、辛いときしんどいとき、一瞬気持ちが下がるときも人間なのでありますが、「さあ、じゃあどうしようか。」と切り替えることが出来るのです。そして最終的には、「生きているだけで丸儲け」という座右の銘があるので、大丈夫大丈夫と言い聞かせています。生きてさえいれば大丈夫。

大昔の人は失敗したらマンモスに食べられたり、戦に負けたり、命にかかわることが多かったかもしれませんが、今の時代はそんな事は滅多にないですよね。

そして、何度も言いますが人生一度きりなのだから、ただ何となく生きてなんとなく死んでいくより、キラキラと瞳を輝かせてワクワクしたりドキドキしたり時には涙し歓喜して、そんな人間らしい人生を送りたいなと思うんですね。

人生という一冊の本だとしたら、多少うまくいかなくたって、まじかよーーーって出来事が起こったって、あぁ、面白いネタが出来たな！　なんてポジティブに捉えています。

当たり前の幸せは、当たり前ではない

人生のターニングポイントとして、大きなきっかけになったのは2020年のコロナウィルスの世界的な蔓延です。当たり前の生活が当たり前ではないことをより再確認し、限られた時間、人生を自分らしく人の為に生きたいと考えさせられました。

SNSでの発信と年収1千万の仕事を選ばなければいけなくなった時。シンプルにお金の不安、これからも安定して得られるであろう収入を捨てる事への葛藤がありました。

もちろん不安がないと言えば嘘になります。ただ私は小学校5年生の時、地元神戸で阪

神大震災を経験しており、その時に当たり前の幸せは決して当たり前などではなく、今ここに生きていることは奇跡なのだと思うようになりました。

人は必ずいつか死ぬ。そして人生は一度きりであり、その終わりがいつ来るかなんて分かりません。だったら人の目を気にしたり、確約されていないまだ見ぬ未来を思い悩んだりせず、不安を感じるくらいなら今を精一杯生きよう。一度きりの人生だからやりたいことをやろうと思うのです。

まだ見ぬ未来への不安というのは、言い方を変えればワクワクなのかもしれないと思って、とにかくワクワクを感じながらやりたいことをやっていこうと思っています。

まだまだ現在進行中ですが、今年に入って既に50講演ほど講演会をさせていただき、オンライン講座では300人ほどの方たちに食の安全や付き合い方などをお伝えすることが出来ました。本当に自分のやりたかったことを出来ている日々は本当に幸せな毎日です。

もし、一歩踏み出せない方がいるならこう伝えたいです。

人生は一度きりです。もしあなたの人生があと30日だとしたら…何をやめて、何をしますか？　きっとそれがあなたの心から願うことなのだと思います。あなたは一度きりの人生をどんな風に生きたいのか？

その願いを叶えてあげられるのは、外ならぬあなたしか居ないのです。人の目を気にして、あなたの限りある時間を無駄にするのは本当に勿体ないです。

もちろん、辛いこと、不安なこと、大変なことがあるかもしれません。だけど、人はやらなかった後悔は強く残ってしまうものです。たった一度きりの人生、後悔だけはしないよう、たくさん笑って感動して、心が震える時間をたくさん過ごしましょう。

人生はどれだけ生きたかじゃない。どれだけ心が震える時間があったか。人生で最大の失敗は失敗したことではなく、失敗を恐れて挑戦をしなかったことなのだと私は思います。

時間というのはつい永遠にあるように感じてしまいます。でも今この瞬間は二度と帰ってきません。どんな人生を生きていきたいか。その為にはどうしたら良いか。考えることはもちろん大切ですが、もし何か気になることや少しでも気になることがあるのなら、どんな些細なことでも良いです。まずは行動してください。本当にコレに尽きます。

行動すれば必ず何かを得ます。そして行動していく中で、思いもよらない出逢いやチャンスに巡り合ったり、新しい価値観ややりたいことに出会ったりするのです。

思ったり、考えたりする人はたくさんいても行動に移す人は極わずかです。自分のやりたいことや夢を叶え活躍している人というのは圧倒的に行動しています。才能や運の差ではなく、行動したか、していないか、その差が大きいと思います。

人の目なんて気にする必要はありません、１００年後には誰もいないのです。そう考えると人の目を気にして行動しないことのほうが圧倒的にハイリスクじゃないですか？

私だって人の目が全く気にならないわけではありません。ただそんな人目を気にして自分の思いを押し込めるほうが私にはデメリットなことです。そこまでお人好しにはなれません。だって一度きりの人生だから。

また次の機会に…は無いのです。今が本番です。あなたが主役です。

最高のあなたの、あなただけの人生にして、共に思いっきり笑って泣いて、この一度きりの人生を噛み締め味わいましょう。


丸山真理さんのInstagramからのお問い合わせはコチラ ———

あなたへ贈るメッセージ

もし、あなたの人生が
あと30日だとしたら、
何をやめて、何をしますか？
きっとこの答えが
あなたの心から願うこと。

周りに左右されずに自分らしさを表現する「ドラマティックな生き方」

筆跡診断士
J子の座談会 代表
重利純子

1975年岡山出身。ファッション専門学校卒業後、某アクセサリーメーカーに就職するも母のガン告知により退職。27歳の時、現在のパートナーと英国70年代の若者のカルチャーを融合したお店を設立。現在では筆跡診断士として診断士の育成や筆跡から自分らしさを活かし、他者と差別化するためのブランディングやセルフプロデュースを手掛ける。

ドラマティックに生きると決めたら、人生は動き出す

岡山市在住2児の母J子（重利　純子）。好きなものは、旅が好き、人が好き、音楽、ファッション、ロンドン、パリ、アンティーク、昭和、夢とロマン、ノスタルジック、酒場。

私は「ドラマティックに生きる」と決めて、ドラマティックになるような生き方をしています。それは魅力的な生き方、魅力的な人生をという意味です。

ドラマティックな生き方とは、周りに左右されず自分らしさを表現し、時に人の背中を押すことができる影響力のある人。面白いドラマほど展開があるように、自分の人生のストーリーをドラマティックに演出するには絶対的な行動力と愛とロマンが必要だと思って、私は今日を生きています。

接客の仕事は、中学校の時の、ゆずせんべいを売るアルバイトが始まりでした。商業高校卒業後、神戸のファッション専門学校でオートクチュールを学ぶと同時に、阪神大震災

を経験。在学中は居酒屋、スナック、ラウンジ、クラブのアルバイトを経験しました。

卒業後、大阪梅田阪急デパート内の某アクセサリーメーカーに就職し、全国個人売上全国3位の功績を残しています。

母のガン告知により退職し、帰岡。故郷へ帰る前にパリ、ロンドンへ2度目の渡英。帰岡後は派遣会社で某ジュエリー会社へ就職しました。

27歳の時、当時交際していた今の主人と、英国70年代の若者のカルチャー、ヴィンテージバイクとファッション、音楽を融合したお店を設立。海外仕入れや販売業務、経営に携わりました。現在は筆跡心理学講師として診断士の育成、また筆跡から自分の興味、自分らしさを活かし、他者と差別化するためのブランディングやセルフプロデュースをしています。


皆さん、叫びたくなるほど、わめきたくなるほど悔しい想いをしたことはないですか？

私には、とにかく絶対見返してやりたい！と言う気持ちたくさんありました。ママ友を見返してやりたい、あの時私を馬鹿にしたコンサルタントを見返したい、「そんなビジネスで儲けている人なんていない」と言って私の仕事を否定し、勧誘してきたネットワークビジネスの人を見返したい…悔しい思いがたくさんありました。

もちろん成功したからと言って、その相手に何かするわけではなく、その気持ちは大きな原動力になると最後に受けたコンサルタントは教えてくれました。反対に、そんな悔しい想いは負のエネルギーで、何も生み出さないと言うコンサルタントもいました。

ただ歯を食いしばるだけで自分の中に閉じ込めていたやり場のない怒りのエネルギー、そんな負のエネルギーが起爆剤として何かを思いっきり燃やしていいなら、それなら、もっと幸せになるためにもっともっと「自分らしさ」を追求して、どうせなら思いっきりドラマティックに生きて、人の背中を押せる影響力のある人になる！　そのためのエネルギーにしようと決めたのです。

自分を守るための経済的自立 ―― 筆跡診断士 ――

そもそも主人と結婚する前から、一緒にヨーロッパの古いバイク屋をオープンし、それに付随するファッションを私が担当していました。17年目になりましたが、時代が変わると同時に商売の在り方も随分変わりました。バイクの需要も減り、現在は形を変え車屋になっています。なので、キラキラ女子と言うよりリアル起業女子です。

私自身、事業主なみの責任はありましたが、どんなに頑張ってもあくまで代表は主人。移転や出産を理由に少しずつ家庭に入ったものの、世の中的にも個人経営、しかも物販、景気の悪化を徐々に感じていました。もし主人がいなくなったらどうなる？　お店が潰れたらどうなる?と言う不安は常にありました。

共にやってきたとはいえ、主人あってのお店であって、私自身は何もないのと同じです。最悪の事態が起こったときに自分はどうやって生活していくのか、何で生きていくのか、このままではいけないと思い、主人からの経済的自立を考えました。

そして、とりあえず興味があった筆跡心理学、筆跡診断士としての資格を取得しました。なぜこんなレアな民間資格をとろうと思ったのか、理由は三つあります。

一つは、若いころからパリ、ロンドンが憧れでした。何度も訪れたイギリスとフランス。そのフランスで筆跡心理学は国家資格であり大学の学問だったのです。こんな私でもそんな権威のある仕事ができる！と言う思いがありました。

もう一つはとても現実的ですが、仕入れがいらない商売であるということです。自営を通して、仕入れのリスクを知っていました。しかしこの仕事は収益がほぼ利益になる仕事です。とは言え、仕入れがいらない分、かなり頭を使うということに後に気づかされました。

そして三つ目は、当時、息子がやんちゃなゆえにこじれていたママ友の心理が知りたかったこと。ママさんの性格を知りたかった…こっそり覗いてみてやろう…今思えばそんないいやらしい感情があったのかもしれません。私は性格的に陰湿なタイプではありませんが、自分が見たママさん、心理学的に見たママさん、それが間違っていないか答え合わせをしたかったのでしょう。

筆跡心理学は自分を知る、相手を知るのにとても良いツールです。また、トラブルの起こしやすい人、犯罪を起こす人の字、そんな統計もありちょっと気になりました。書き癖から性格、行動を心理学的に分析し、統計学にあてはめ人間像を作り上げるという世界です。

筆跡診断士として5年ほど活動し、2000人は見てきました。書いた文字から性格や行動を心理学的に分析・診断をし、色んなお話を聞きながらお客様にふさわしい書き方のアドバイスをお伝えします。「字からそんな事がわかるのですね！」とお客様も喜んでくれています。

しかしリピーターはなかなか増えませんでした。一度見てもらうと満足、そう何度もいらないのです。つまりお客様がそこまで必要としていない、求めていない、ということに気づきました。

もちろん書き方を意識する事はあるでしょうが、本気で変わろうと思えば時間がかかります。人が変わるには、あらゆる視点からもっと具体的なアドバイスや長期間にわたるサポートがいるということに気づきました。

そこに気づいた私は、得意や長所を引き出し、「自分らしさをどう生かしていくか」の未来に繋がる診断。自分の感性とコミュニケーション能力を活かし、ビジネス要素を強めた独自の「ドラマチック診断」というコンテンツをつくり、プロモーションしていきました。

そんな事ができたのは、感覚だけで突き進んだはずの私が、ビジネスやマーケティングについて学んだからです。17年事業をしていても知らなかったこと。その学びは自分自身を大きく成長させるものでした。

マインドが変われば、見える世界が変わる

そこから今は「ドラマティックに生きたい女性」へのブランディングやプロデュースに携わっています。「自分らしさ」を究極に追及した私の全てを形にしたものです。

私の人生の台本づくりには欠かせない材料として、ここまで来るのに時間もお金もたくさんかけてきました。人生の台本を死ぬまで描き続けることは、「死ぬまでドラマティックに生きる」と言うことで、そのための経験、そのための行動力は必要不可欠になっています。

自分の人生のターニングポイントをよく聞かれるのですが、10年以上も商売をしていれば、小さなポイントが常にあります。

バイク屋をしていれば、事故死や足の切断。商売をしていれば、詐欺や窃盗。他人ごとにおいては商売がうまくいかず、離婚はざら、夜逃げ、自己破産。プライベートにおいては、酒癖の悪い旦那の後始末、発達障害児の子育て、ママ友トラブル、難病、乳がん、別居。同じ日に友人の結婚式とお葬式が重なるなど…。

それでも夜は明けて、忙しい朝は来るのです。自分の思想や哲学で捉え、震えた夜でも光を浴びればまた気持ちがリセットされる。そんな事を繰り返すうちに少しずつ免疫がつき、いつの間にか少々の事では「もの怖じ」しない人間が形成されました。

ある意味、色々しでかして私のメンタルを鍛えてくれた旦那と息子にイヤミも兼ねて感謝します。((´∀`))ｹﾗｹﾗ

私は何をするにも大きく期待しすぎるのですが、特に集客は期待を大きく裏切ります。イベントも散々してきましたが、なかなか思ように集客ができません。

まず、ここでへこむ人が多いと思います。あげくに不満やクレームの声なんか聞いたものならもう二度とやらない！　えぐられた心はなかなか元にもどりません。

しかし、回を重ねるとメンタルが強くなります。自信は相手に伝わり、自分の考えに近い人が集まってくるようになりました。集客においては、やり続けることで要領がわかってきます。繰り返し慣れることでメンタルが鍛えられ、人が来なくても自分が楽しめられるようになってくれれば、金持ちであろうが貧乏であろうが、もう人生の勝ち組だと私は思います。

メンタルの鍛え方を一言で言うなら嫌なこと、苦手なこと、そのような「経験」を重ねるだけ、というとても簡単な方法なので、勇気を出してその環境に自分を置いてみてください。

こんな3分間クッキングのようにお話していますが、とにかくやってみる、行動することが第一です。あとはどうにでもなる！　差し替えOKです！

時々、日本の三大庭園の建物内で講座を開催します。集客はそれなりに大変です。でももし参加者がいなかったら、そんな贅沢な場所で漫画を読む、昼寝をする、動画撮影など非日常なネタを探してみます。もし、参加者がお一人なら、早めに講座を終わらせて築何年の天井を見上げながら、300年もの時を経た庭園の館内で沢山夢を語ってもらったり、私にしか出来ない特別な時間を提供したりするでしょう。

これが私のサービスの在り方です。だからどんな状況になろうが、瞬間的に切り替わる判断力とアイデア力、何をしたらお客様が喜ぶか盛り上がるか、常に感性を磨く事が大切です。

その為には常にアンテナを張り、色々なところへ出向き、目で見て肌で感じ、さらに想像を膨らませイメージすることの習慣を身につけています。

私は4年前に乳がんになりました。その前には難病を患いました。その頃、衝動性の激しい男が小学校へ上がり、何か起こす度に相手の親がでてきて頭を下げるという毎日で、自由に生きてきた私にはかなりのストレスでした。

自律神経の乱れという前兆があったので、乳がんになってもさほど悲しいとか辛いということはありませんでした。告知を受けた3週間後のベトナム旅行と手術日が重なりましたが、楽しみにしていたベトナム旅行を決行し、手術は3ヶ月後に延期にしました。

そこまでしてベトナム旅行を優先した理由は、子供の感覚や行動力に明らかに成長を感じる場所だからです。暑い国は外食の文化が優れ、人の集まる場所が多く、交流しているイメージがあります。自然にコミュニケーションを養う場所ができるのです。コミュニケーション能力は仕事をする上で最も重要だと思っています。

また、同じ場所にずっといてはなかなか気づかないことがたくさんあります。人としての幅を広げるためにも、違う環境に自分を置くとまた新たな発見があります。

また、手術を3ヶ月後にした理由は、身体にメスを入れる前に自分の身体と向き合いたかったという理由からです。幸いガンの進行はそこまで早いものではありませんでした。

物事には合う合わないが必ずあります。治療も全ての人に合うものではないと思っているので、セカンドオピニオン、サードオピニオンと受けたり、東洋医学的な話を聞いたり、自分で選択していく治療を望みました。知ることで不安は軽減します。

ガンになってやったことは、とにかく本を読みあさり、自然素材の調味料を変え食事を変え、東洋医学もあれこれ試し、家事の負担を減らすための家電の買い替え。

そして約1ヶ月間、真夏の暑い中、毎日の放射線治療へスキップで通うことができたのは、紛れもなく保険のお陰でした。生命保険に関しては賛否両論あると思いますが、保険料をどうとらえるかも自分次第です。自分の特性がわかり、入院時に自分がどう過ごしたいか、その後もどんな人生にしたいかが分かれば、色々なことが選択しやすくなりますね。

病気の捉え方もさまざまです。ガン検査の帰り道、パチンコ屋にリニュアルオープンの旗がかかげてあるのが気になり、入ってみました。「そんな時こそチャレンジ！」だって私は伝える人になりたいから。そんな時こそ大フィーバー!! が待っているかもしれない、人生捨てたもんじゃないよ。って事を人に伝えられるチャンスだから。

案の定チャンスを掴み、10万ほどのあぶく銭を手にした私は、前から少し気になっていたアメリカの高価なミキサーを買うことができました。

またそれが娘の嫁入り道具として持たせたいぐらい素晴らしいもので、恐らく無人島に1つ持っていける家電があるなら間違いなくこれを持っていくでしょう。なにもかも砕いて液体にして飲みやすくしてくれるのですから、無人島でまだ誰も知る由もない謎のレシピが完成する夢のある話です。憧れの「ふしぎな島のフローネ」のように無人島を楽しめるのです。

もし勝たなかった時は、「その日は運が悪かったね」と鼻をほじりながら自分に言い聞かせて早く寝ましょう。負けた事を引っ張るのではなく、どうやったら未来に繋がるかを考える事ができれば決して「負け」ではないですよねっ。

パチンコにいかなければ、そのミキサーは未だに購入してなかったでしょう。ミキサー本来の良さをまだわかっていなかったので、「いつかほしい」くらいに思っていました。あぶく銭が入って買ってみたら予想以上に良かった！

女性はもっと自由で、わがままに生きていい！

資金の調達ができたら速やかに解決する。余計な事をできるだけ考えないようにする。あぶく銭とは言え気になっていたミキサーを買った事でビジネス用語的に言うと脳内トレーがすっきり片付き、アウトプットできたような一件です。

こんなあぶく銭は目的を持って自分の為、人の為、社会の為に感謝を込めて潔く使うのがJ子流です。

嬉しくなった私は、日頃お世話になっている友達へケーキを持っていきました。美容師の友達は「ガンの告知を受けた友達のネタ」として、私の知らないところでJ子の話をしてくれるのですからこんな嬉しいことはありません。

目先の事だけを考えるのではなく、もっとその先を見て生きたお金の使い方、そして循環していくことは何においても大事なこと。そしてガン経験をしたJ子のエピソードトークで少しでもガンサバイバーが安心できるのなら、ここに私の価値があります。

色んなことがありましたが、私の経験なんて人並みです。商売をしていればそれなりに色々あり、夫婦問題、子供の問題なんてどこの家庭でもあることです。今時ガンサバイバーは珍しくもなく、ママ友トラブルなんてそこら中で勃発しています。

人並みの話では人の心は動かせません。私が決めた「人の背中を押せる影響力のある人になる！」ためには、苦しい状況下にいながらどんな経験をしたか、人を惹きつける面白いネタがどれだけあるかだと思います。もう人並の経験はＳＮＳでいくらでも見ることができますからね。

好きな事をして稼げる、楽しくしていたら人が集まり、売り上げに繋がると勘違いし、闇雲にＳＮＳ投稿していたこともありました。

違うのです。好きな事をするにも相当な努力がいります。稼ぐには仕組みがあり、自分と向き合う時間、選択、覚悟。そして答えが出るまで何度も繰り返し行動する。もちろん初めからやりたい事がわかっている人には無駄かもしれません。覚悟を決めて、まずは自分の土台をしっかりつくる。地を固めるのです。

決断は覚悟のいることですが、何をすべきか自ずとわかるので案外ラクなのです。

このような作業や課題を受講生としていたら、「これだ！」という、本当にやりたかったことが受講生の一人に見つかりました。その時「体の中のものがドバ〜っと出ていく感じがしました。」と言われた事があるのですが、やっぱり答えは自分の中にあるのです。本当にしたいことが埋もれてしまっている場合があり、実は若いころ考えていたり、昔やっていたり、意外とシンプルなものだったりします。

人は色んなもののせいにしたり、色んな知識で余計なものに覆われて、自分のベースにあるのもが見えなくなることがあります。だからこそ、原点に戻ることで自分の本質が見え、自分自身を大切にできるように思います。

私はセックスアンドザシティの主役のキャリーが大好きです。完璧ではないけど十分な魅力があり、私には相当ドラマティックな生き方をしているように映っています。時々、図々しいですが私もキャリーになり切ってパソコンをカチカチと叩いています。そう、今もなり切ってライティングしています。恐らくキャリーは世の女性の憧れだと思うのですが、なぜ惹かれるか自分なりに分析しました。

愛がある、夢がある、そして自分らしさをコラムやファッションで表現できている。そこに行動力、時にだらだら、決断力、時に優柔不断、チャーミング、時にクール、優しい、時に短期、おしゃれ、古風、時に今風、可愛い時にかっこいい、この相反する性格を実にバランス良く自然に使い分けているのです。

あとは自分の言葉でストレートなライティング、賢い、正直、お金がある、自立している、仲間を大事にする。このあたりがキャリーの魅力です。

私は「ドラマティックに生きる」と決め、人生の台本を描き続けるなら、死ぬまでドラマティックに生きるための経験、そのための行動力、それに基づいた生き方を意識しています。キャリーに憧れた私にコラムの仕事がきたり、このようなシェア本のお仕事ができたり、私が望んでいる生き方に近づいています。

ドラマティック、ドラマティックと配信しているうちにJ子＝ドラマティックと認識され、気が付けば周りには私以上にドラマティックな人が集まり、ドラマティックなシチュエーションにしてくれる、自分が人に合わさなくてもよい人生。人の目を気にせずやりたい事に打ち込め、ドラマティックを追求して自己表現ができる環境、これが自分らしい人生じゃないでしょうか。

ここまでくると、私と言う人間が自由でわがままだとか自分勝手なオンナと解釈する方もいらっしゃるでしょう。

もちろんそうなのですが、その中でも私が人と関わる中で大事にしていることは「愛とロマンのコミュニケーション」。そして「愛とロマンのサポートとフォロー」。あと一つは、

「自分らしい自己表現」をドラマティックに生きる為の三原則にしています。

私もそんなキャリーのようなバランスの良い女性を目指し、人が放っておかないほどの魅力で、もっと幸せに、もっともっと自分らしくドラマティックな人生を描いていきたいと思っています。

あなたの奥底で燦然と輝いている自身の魅力に早く気付き、愛とロマンで溢れるドラマティックな人生を願っています。

重利純子さんのInstagramからのお問い合わせはコチラ ――

あなたへ贈るメッセージ

人に合わさなくてもいい。
愛とロマンに溢れた
ドラマティックな人生を生きよう

虐待・イジメ・海外でのリストラに極貧生活…それでも自分を信じ続けていれば、明けない夜は絶対にない。

海外進出サポートコンサルティング
Heart Meets World 代表
安井フローレンス愛歌

1975年名古屋生まれ。15歳で日本を出てスイスの高校へ進学。その後はアメリカの大学・大学院を卒業し、就職・起業・フリーランスを経験。現在は「海外進出サポートコンサルタント」として活動し、『英語で子育てしてみましょ♪』と『「1日5分」英会話』のオンラインサロンを運営している。著書「1日5分勉強すれば3ヶ月で英語は話せる」を電子書籍で出版。

アメリカ永住権を捨て、日本へ舞い戻った理由

安井愛歌。普段は『フローレンス』と呼ばれています。アメリカ生活17年の間に使うようになった、私のミドルネームです。

15歳で日本を出て、スイスの高校へ進学。その後はアメリカで大学・大学院を卒業し、就職・起業・フリーランス…と色々やってみました。英語という武器を使って、どうすれば一人でも多くの人たちを支え・助け・人生を変えられるかを考え続けてきました。翻訳、通訳、執筆。交渉代理、プレゼンテーション、教育変革。やっと見つけた自分の道は『海外進出サポートコンサルタント』です。

海外へ出て行きたい、でも怖い。どこから始めたら良いのかわからない。海外へ出てみたは良いけど、いつも言葉や文化の壁のせいで悔しい思いをさせられている。販路開拓が思うように行かない。専売特許取得の方法がわからない…。そんな日本企業の代わりに、連絡・交渉・プレゼンテーションから、クレーム、時には喧嘩をしてでも日本企業が思うように海外に展開する手助けをしています。

その傍ら、日本国民の英語レベルを丸ごと底上げすべく、英語が話せない親でも英語を話せる子供を育てられるコツを伝えるオンラインサロン『英語で子育てしてみましょ♪』を運営しています。さらに、「たった数分でも毎日勉強すれば英語は話せる」というコンセプトのもと、自分に合った勉強方法を知り、習慣化の法則を学んで仲間とワイワイ楽しむオンラインサロン『「1日5分」英会話』も運営中です。

そもそも、私が海外から日本に帰って来た理由は「私が日本を離れている20年間に、日本人の英語レベルが全く上がっていない」ことに衝撃を受けたからです。アメリカ永住権(グリーンカード)を持ち、誰もがアメリカに骨を埋めるだろうと思っていた私が、急に永住権を放棄して帰って来た時には、周囲はビックリを通り越してポカーンとしていたものです。

中には「もったいない!」と怒る人もいました。確かに永住権の取得には苦労しました。でも、私はアメリカにいてもただの一般人にしかなれません。より多くの人々の生活、そして人生をより良くするためにはアメリカではなく日本だった…と何度説明しても、納得しない人もいました。でも、今はそれで良いと思っています。

名古屋市北区に生まれた私は、2歳未満の記憶がありません。多くの人が「私だってそんなものないよ」とおっしゃるかもしれませんが、私の場合はそれが大人になってからの人生を大きく変えました。

物心ついた頃から継母に育てられていました。父は夜遅くまで働いていて、ほとんど家に居ませんでした。継母は「厳しいお母さん」でした。幼稚園から帰って来てからは、危ないからと外に一歩も出してくれず、おやつは冷たい牛乳をコップに一杯のみ。テレビは厳禁。それでも、稀に家に居る父親とはチューをするくらい仲が良くて大好きで、自分の生活に何ら疑問を覚えたことはありませんでした。

変わり始めたのは、私が小学生になってからでした。継母が少しずつ無理な強要を始めたのです。でも、子供の私はそれが『無理な強要』であるとは理解していませんでした。例えば、家に居る時は必ず、無心で正座して座って過ごすこと。それも、必ず引戸のレールの上に足とお尻が乗る位置に座らなくてはいけません。夜中にトイレに起きるのは厳禁。起きてしまったら、それがたとえ夜中の2時でも、レールの上に足を置いて朝まで正座していなくてはならないのです。

朝は和式トイレで一定量以上の排便を強要されました。できない場合は尖ったサンダルの先でむき出しのお尻を蹴られ、友人たちが迎えに来ると玄関から見えるトイレのドアを開け放したまま、玄関も開けられました。その時から、友人たちの私への態度が変わっていったことは言う迄もないでしょう。

小学校4年生の時に、父が脱サラして起業しました。木工業として自分の工場を持ち、私たち家族もそれに伴って隣の区へと引っ越すことになりました。本当の地獄はそこから始まったのです。

転校生の私は、学校でイジメられました。無視され、ヒソヒソ話され、ボーッと窓の外を見ていると「飛び降りて死ねば？」と嘲笑われました。でも、実は家に居るよりまだ学校の方がマシだと思っていました。

ご飯や水がもらえない。お風呂に入れてもらえない。洗濯をしてもらえない。学校で必要なものも買ってもらえない。トイレに行くにも許可が要る。我慢できずお願いすると、継母の機嫌で快く受け入れてもらえる日もあれば、往復ビンタされる時もありました。

中学校に入ると、イジメも虐待もさらにエスカレートしました。中学校3年生になっても私は体重28キロのガリヒョロ状態。身体中がアザだらけだったことも考えれば、今の時代にはきっと施設にでも入れられていたでしょう。でも、私の場合は誰も何も気付かなかった…または気付かない振りをされました。

そのお陰で、海外志向だった父に「高校はお前をスイスに送る」と宣言された時には、驚きの余りフライパンで頭を殴られたような感覚があった一方で、「高校に行って良いんだ。もっと勉強して良いんだ」と安堵したことを覚えています。

理不尽なリストラの後に訪れた、人生の逆転劇

スイスにある全寮制の高校で3年間を過ごし、徒歩圏内にあったアメリカンスクールで勉強しました。そのままアメリカへと渡り、フランス語とドイツ語を専攻。2年生の時には、アメリカ人としてフランスに交換留学に行かせてもらいました。そのまま米国ペンシルバニア州の同じ敷地内にある大学院で教育工学（教育現場を改善するため、教育効果の高いコンテンツを設計・開発・評価する分野）を専攻して卒業。そのまま大手企業の本社に就職しました。

しかし、わずか4週間でリストラされました。人事や直属の上司に呼び出され、関係者たちはそれぞれ半泣きになっていました。

「あなたは悪くないのよ。全部、私たちのせいなの」

何が何だか、わかりませんでした。言われていることすら、理解できませんでした。いや、英語は理解できたのですが、コンセプトが飲み込めなかったのです。

「退職手当はお給料8週間分です」

「自分のデスクを片付けておいで。もう今日は帰って良いから」

社内報に新入社員として私の紹介が載せられ配布された当日のことでした。どんな努力も一切実を結ばない、初めての体験でした。


その後、卒業した大学院の伝手で、とあるNPO事務局でインターンをした後、広告代理店に入社。メディア部門の一員になりました。ウェブサイトやその他インターネット関連の広告媒体を動かす仕事です。専門のコピーライターが別部署にいたので、プロからコピーライティングも学べました。

その後、メディア部門のトップにもなりました。部下がよく休んだり、遅刻したりする問題児だったため、その分の仕事もカバーしてきました。私だけの専門分野もあり、私しかできない仕事も任せられました。

それでも、その時は来たのです。勤めて2年半ほどで、経営が悪化したその会社は、ほぼ全ての社員を順番にリストラして行きました。

私は事情も知らされずに切られた第一弾の一人になりました。態度の悪い部下が残されて、自分が切られたことにショックを隠せませんでした。全力を尽くしてきた会社ですら、私を裏切るのか…と。その後はあまりの傷心状態で、何もする気になりませんでした。

しばらくして、ウェブデザイナーの友人が「自分でも会社を立ててみたのだけど動かせてないんだ。その会社を僕の代わりに経営してみない？」と言われ、挑戦してみることにしました。

しかし、経営など学んだことがありません。営業すらわかっていない状態で、顧客とのやりとりも、広告代理店時代の見よう見まねでやっていました。そして、わずか二年強で疲れ切り、解散しました。

アメリカ生活が長くなり、条件も満たしたため永住権（グリーンカード）を無事に取得できました。そんな中、私がネット上で書き連ねた英文を見た翻訳会社関係者が私に「翻訳に興味があるなら、やってみませんか？」と声をかけて来たのです。会ったこともない、ネット上のお相手。若干の猜疑心や恐怖心はあったものの、お試し案件を受けてみることにしました。

すると、先方からは賞賛の声。半信半疑の私に、海の向こうから報酬が送られてきたのです。28歳の私が翻訳家としての第一歩を踏み出した日になりました。

私には「2歳未満の記憶がない」と書きましたが、それが自然なことなのか、もしくはショックからだったのかはわかりません。2歳になる直前に、私を育てていた生母から私を預かった父は、私を生母に返しませんでした。そして、前述のように私は苦しい子供時代を送ることになったのです。

その結果、私にとって日本とは「どれだけ声を上げても聞き入れられない地」となりました。二度と帰るものかと誓い、実際に15歳で出国してから13年間は一度も帰りませんでした。

ところが、私の能力を見出し、賞賛してくれる人が現れたのです。私の人生において、初めてのことでした。私の声は届かないどころか、非常に重要なものとして受け取ってくれました。

あまりにしっかりと受け止められるので、時として混乱したことすらありました。それでも次第に、人がどのように声を上げ、その声を受け止めて真剣に考える相手が存在し、そして真摯に答えを返そうとしてくれるものであるという至極当たり前のことを初めて理解できたのです。

ふと、思いました。子供の頃に私が置かれていた理不尽な環境。周囲と自分を比較する度に覚えた不平等感。生きていくことすら許されていないのだろうと思えた絶望感。

これと似た感覚を別の場所でも感じたことがありました。一人で海外に生活するようになった時に、周囲の人々が押し付ける理不尽な要求。同じことをしたいだけなのに、異常なまでに難しい条件を突きつけられる不平等感。発する言葉の全てを揚げ足取られ、笑われて覚えた絶望感。日本人がほぼ居ないアメリカの片田舎で大学・大学院に行き、就職・リストラ・再就職・再リストラと経営…と経験して来た私には、デジャブでした。その時に既にぼんやり、海外に出たいビジネスパーソンはこんなに辛い思いをしなくてはならないのか…と考えていたのです。

諦めなければ、想いは必ず伝わる

ある時、ひょんなことから、日本に帰ることになりました。あんなに忌み嫌っていた日本。怖くて怖くて、泣きながら帰ってきました。でも、迎えてくれた国と人々は思っていたよりも温かかったのです。

そして、アメリカに居るよりも私はより多くの人々の助けになれるのではと思いました。ハッキリそう感じた時に、私の人生は変わりました。

未知の世界に出て行くのは怖いもの。でも、未知だからこそ何が待ち受けているかはわからない。大コケして地獄のような日々が待っているかもしれない。でも大成功し、バラ色の世界が広がる可能性は当然、ある。

自分の夢見る世界、自分が助けたい人々。その声を、言葉を、心を伝えたい。声を上げても上げても聞き入れられない、伝わらないなんて辛すぎる体験はもう誰もしなくて良い。

その思いを胸に、翻訳会社を始めました。英語の翻訳のほとんどを私自身が担当し、通訳の問い合わせはスケジュールが合う限り、私が受けました。

私の理念は最初から決まっていました。それは、メッセージを発する人の言葉だけではなく「思い」を伝えること。そのためには直訳では伝わりません。

そして、通訳も同時通訳を敢えてしない選択をしました。話し手の正しい思いを伝えるためには、一度思惑の全貌を理解してから正しいニュアンスで伝えなくては、私の理念通りの仕事はできないのです。

私の強みは、英語圏の人々の考え方がわかることです。彼らが何に喜んで食い付くのか、何にイラつき反感を覚えるのか…を理解していること。日本人には理解できない志向や国民性を把握していること。その感覚を活用し、アメリカ人に『ネイティブレベル』と言われた英語で言葉を紡いでいきました。

しかし、そんな私の強みは顧客にはわからないし、簡単には伝わりません。

「あんたんとこの何が良いの？　もっと安い所あるよ」

「やってもらった英訳には、原文の日本語にある言葉が入ってないよ」

「伝われば良いんだから、要らんことしないで」

直訳を良しとする日本の翻訳業界。私の理念を真っ向から否定するクライアント（候補）の社長。一番理解してもらう必要がある人たちに理解してもらえないことに悩みました。

そんな時にＢＮＩという異業種交流組織に出会いました。仲間が私のビジネスや強みを宣伝してくれることで、ビジネスチャンスを獲得できるようになる仕組みです。

仲間と信頼関係を築き、自分の思いや熱意を伝えていく作業は難しいことではないはずです。けれど、そこにも壁がありました。『日本の経営者』である仲間たちは、海外志向である私の色々なことが理解できないようでした。グローバル化に置いていかれない日本を作ることがなぜ重要なのか、そのためになぜ私が自分の理念を定めたのかをなかなか理解してもらえませんでした。

それでも諦める気はありませんでした。私が諦めたら、本当に日本がグローバル化に置いていかれる危機感を覚えていたからです。仲間と信頼関係を構築する努力を続けること、自分ができることを仲間のためにし続けること、可能な限り自分のリソースを使って仲間に機会を与え続けること…それを続けるうちに、私という人間そのものを理解しようとしてくれる人が少しずつ現れました。

気付けば、日々の活動では与え足りずに、地域の経営者をサポートする立場になっていました。マーケティング講師をこなし、信頼関係の構築を最優先事項とするリファーラルマーケティングの活用やチームビルディングのアドバイスも行いました。

自分の本業である翻訳の仕事をこなす時間は減ってしまいましたが、充実していました。何しろ講師として教えるマーケティングのノウハウはしっかり身に付き、リーダーシップやチームビルディングの知識までも学べ、いずれ自分の事業に活かせるようになったからです。

さらには、ＢＮＩの運営やマーケティング研修機関であるAsentivの日本法人設立に携わらせていただくことで、会社とは・組織とは・仲間とは…をより深く学びながら、国内はもちろん、海外の人脈もかなり増えました。そして何より、奔走している私を見て、自然と周囲の信頼を獲得していくことができました。

自分の強みや他社との違いをしっかり認識し、自分しかできない事業を運営することで「戦わず勝つ」というコンセプトを学んだ時、私は翻訳や通訳を通じて日本を変えることはできないと気付きました。案件をこなしているだけでは足りません。もっと国内外にインパクトを与える企業を、人を、子供を増やさなくてはと考えたのです。

自分を信じていれば、道は開ける

そして、やっと今のコンサルタント業に行き着きました。翻訳や通訳はもちろん、日本企業にとって有利な条件でビジネスが行えるよう交渉する仕事です。商品やサービスのプレゼンテーションも代行します。どれも、これまで既に幾度となくやって来たことです。

そしてさらに、海外販路開拓の専門家や国際法務に携わることができる弁護士、公的機関と強いコネクションを持つ士業の方々や事業計画専門家などとチームを組み、海外進出に関わるあらゆる悩みを一発解決できる一般社団法人『Glocal Solutions Japan』にも認定専門家として登録し、クライアントの悩みや不安を一掃できる体制を整えました。

そんな折にも、色々な方々から「どうしたら英語が話せるようになるの？」と問い合わせが続いていました。ある時、大学院で学んだ教育工学の視点からじっくりと考えてみて思いました。

日本の英語教育は（全員にとって…ではないものの）多くの日本人にとっては誤った勉強方法を強いているのではないか？と。日本には教育工学という専攻がないと聞いています。教えることと学ぶことを徹底的に論理的に解析していない分、先生として教えている方々ですら効率的・効果的な教え方・覚え方を学んでいません。しかしノルマだけが課され、日々苦労していらっしゃるのです。

そこで、自分に合った勉強方法さえ見付けることができれば、勉強を勉強とも思わなくなること・学んでいくことが楽しくなること・上達する体験が病みつきになること…などを体験してもらうためのオンラインサロンを展開することにしました。最初は知名度が低く、なかなか人も集まりませんでしたが、少しずつ増えてきて楽しくなってきています。

その結果、自分が居たい時に居たい場所で仕事が完結する状態になりました。自分が苦手なマーケティングやセールスの手法も必要なく、できることをできる時間帯に精一杯頑張れば良いのです。勉強も仕事も同じ。嫌なことは続きません。好きなこと・得意なことで他人の生活をより良く・より豊かにするためには何ができるのか？　それを考え続けた結果がそこにありました。

私の事業も、人生の展望も、夢も、まだまだ途中です。でも、行き詰まっていると感じている人、毎日の仕事が辛くて仕方ない人、どうせ自分なんて…と思っている人に伝えたいことがあります。

ありきたりかもしれませんが、自分を信じなければ、何も始まりません。私の継母は、私が自分に自信を一切持てないように、常識を持てないように努力していました。私が社会性を育めないように、社会で孤立するように、人に好かれることなどないように…精一杯、私を歪めることに尽力してきたのです。それが彼女の生き甲斐だったのだから仕方ありません。でも、私は自分自身のために一つ一つ、閉じ込められたその部屋の扉を蹴破っては、外気に晒されて挫けそうになりつつも進んで来ました。

自分を信じていれば、道は開ける。自分を信じていなければ、どの道に進んで良いのかもわからない。自信過剰になる必要もない。自分に何ができるのかを知るために「自分にはできることが必ずある」ことを信じること。できることを見付けることができた暁には、全力で取り組むこと。全力で取り組んだその後には、必ず結果が付いてくること。それを自分ならできると信じてあげること。

そして、そのための手法やマインドセットを知るために学びに貪欲になることが大切です。大人になってまで勉強したくない！と思うかもしれませんが、必ずや自分の力・未来になる知識を得ることは楽しいことです。反対に楽しくないことは続けなくて大丈夫です。本当に知りたいこと、知ることで嬉しい・楽しいと感じられることを学ぶこと。学び続けること。もっと学びたい！と貪欲になること。学んだことを実践するためにさらなる学びに身を投じることを意識してください。

最後に人脈を大切にすること。ただこれは『一期一会』の意味ではなく、自分にとって大切な人を大切に扱うという意味です。逆に、自分に危害を与える人・嫌な気分にさせる人とは適切に距離を置く必要があります。私も最初はこれができずに悩みました。せっかく出会うことができた人は全て大切にしなくてはいけない…と無駄な努力をして苦しんできました。でも今思い返せば、そうではありません。

最終的には「自分を大事にする」こと。そのために自分の心の声を聞くこと。この事実を皆、知っているはずなのに、なぜかしません。自分を信じられないように、自分を大切にする方法なんてわからないように…育てられた私でも、その方法がわかった瞬間に少しずつ、一つずつ夢を叶え始めています。

きっと、できます。

自分を信じる人は、誰でも。

安井フローレンス愛歌さんのFacebookからのお問い合わせはコチラ —

あなたへ贈るメッセージ

自分を信じる。
誰が何と言おうと、とにかく信じる。
それが何よりの第一歩。

人生のターニングポイントで訪れるチャンスの神様を絶対に逃さない考え方と生き方

薬膳料理教室及びサプリメント・漢方販売事業
薬仙まほ先生

塚田真帆

1990年生まれ。小学校6年生のときに沖縄で出会った夫婦がきっかけとなり、薬剤師を目指す。大学薬学部卒業後、薬剤師として勤務していた時に「薬膳」と出会い、国際薬膳師・国際薬膳調理師を取得。その後、日本国際薬膳師会の理事に就任。現在は、薬膳料理教室、サプリメント・漢方の事業を手掛けている。

何事にも１２０％！　負けず嫌いは生まれつき

私には8歳離れた兄がいます。父と母は第二子の誕生を望んでいましたが、なかなか恵まれなかったそうです。不妊治療に通い、ようやく授かりましたが、流産してしまいました。その流産の治療を受けた病院で引き続きお世話になり、私が誕生したという訳です。

母は公立中学校の教員でした。本来なら誕生から3歳になるまで取得できるはずの育児休暇を取得せず、まだ4か月にもならない私を母方の祖母に任せて現場復帰し、学級担任をしていたそうです。

祖母はとても大切に育ててくれました。祖母は昔ながらの料理方法で、丁寧に食事を作ってくれました。私は祖母の料理の味が大好きで、料理が好きになったのは祖母の影響です。また、土日も出かける母の代わりは父でした。

3歳から保育所に入りましたが、最初泣いてばかりで、ずいぶん祖母を悩ませたようです。母はさっさと私を車から降ろし、あとは保育士の方に任せておけば大丈夫、という考えでした。

母の迎えが間に合わない時は、祖母が迎えに来てくれました。自転車の後に乗せてもらって、母が迎えに来るまで祖母の家で過ごす日々。また、水遊びをするのが大好きだったため、水道代が大変になるからと4歳から水泳を始めることになりました。

小学校入学後も、学校の承諾をもらって祖母の家に帰る毎日。幼児期から通っていたスイミング・スクールでは、選手育成コースに推薦されるまでになりました。

祖母の家のすぐ近くにスイミング・スクールがあり、祖母の家で宿題を済ますと母が届けてくれた水着等の一式を持って、スイミング・スクールへ。週6日、毎日5キロメートル以上を泳ぐ練習は厳しい内容でしたが、同じ年代の子どもたちと過ごせるので楽しい時間でした。練習が終わると、また祖母の家で母が迎えに来るまで過ごしていました。

3年生の夏休みからはスイミング・スクールの合宿があり、朝から夕刻までの練習メニューをこなしました。親元を離れ、何事も自分でしなければいけない生活は、「自分のことは自分でする」という考えを身につける一歩になったと思います。

小学校6年生の時に、体が小さく身長も低かったのでなかなかタイムが出なくなり、始めての挫折を経験。今までは仲間と毎日練習し、仲間とともに試合での目標のタイムを達成しながら泳ぐことが大好きでした。しかしタイムが伸びず、悩んだ私は競泳が嫌になり、水泳をやめてしまいました。

一方で、このスイミング・スクールのコーチとの出会いから、なんと父と母と兄の3人がスキューバー・ダイビングのライセンスを取得することになったのです。取得後は家族で沖縄等の海に潜りに行きました。私はシュノーケリングのライセンスを取得し、潜っている3人の上でシュノーケリングをしていました。

たまたま一緒になったご家族から子どもでもダイビングのライセンスの取得が可能であることを知り、私も取得にチャレンジすることに！　選手育成コースで毎日泳いでいたおかげで、問題なく取得できました。

ただし、学科試験については、コーチがやさしくかみ砕いたプリントを用意してくださったおかげでもあります。小学校4年生は最年少だったこともあり、雑誌にも掲載されました。とても貴重な体験でした。

中学校に入学したとき、もちろん水泳部に入るだろうと思っていた家族は、吹奏楽部に入った私に驚いたようでした。楽器はクラリネットに決定。音楽が大好きで、6歳からバイオリンを習っていたので、私の中ではごく自然な決断でした。

3年生の引退までの2年8か月は、吹奏楽一色の生活。早朝練習、放課後の練習、土日や長期休業日も関係なしの練習でした。水泳で悔しかったことを吹奏楽にぶつけたかったのだと思います。

全国大会への出場を真剣に目指していました。地区大会、県大会、近畿大会と勝ち進んでいくたびに仲間と感動を分かち合い、必死。そして、近畿大会で金賞を受賞するも、全国大会に出場することは叶わず…。11月の定期演奏会を終えて、引退しました。

燃え尽き症候群になる余裕もなく、私には高校受験の壁が立ちはだかっていました。英語は母が徹底的に、数学は祖母の親戚が教えてくれました。科目数の多い公立高校ではなく、3教科で受験できる私立高校に決めました。そして、何とか希望した高校に入学することができたのです。

入学した高校はクラスの人数が少なく、先生方には丁寧に見ていただきました。入学後、夏休みの前半・後半に分けて学習合宿がありました。勉強に取り組む姿勢を徹底的に指導されたように思います。

大学の進路を決めるにあたり、あるご夫婦の存在があります。小学校6年生の頃、家族で沖縄の座間味に行き、ダイビングをしていました。その翌年に、たまたまご一緒することになったのです。ご夫婦から、「去年も一緒でしたね」と声をかけてくださいました。きっと神様が引き合わせてくれたのだと思います。

夕食や夕食後のミーティングで楽しくお話をしました。次の年からは日程を合わせてくださり、10年以上毎年一緒にダイビングをさせていただきました。

仲の良いご夫婦で、初めてお出会いした時は60代でした。1日ダイビングをすると父と母はくたくたになっていましたが、ご夫婦はとてもお元気。難しいポイントにも行かれるような腕前でした。

ご主人は大企業の社長をされていて、奥様は薬剤師。奥様のお話や立ち居振る舞い、人への心配り、あらゆることが素敵で、私の憧れの人になりました。もちろん、ご主人も素敵な方です。このお二人のような生き方が出来ればいいなと思うようになりました。


私は元々料理が大好きだったので管理栄養士になりたいと思い、高校の先生に相談してみました。すると先生から、「薬剤師になれば栄養のことも出来るから頑張ってみたら」と言われました。その言葉から、「薬学部へ進もう！　憧れの奥様のような薬剤師になろう」と決心したのです。

両親からは、「無理かもしれないけど頑張ってみたら？」と言われました。元々勉強が出来たわけではなかったので、叔父や兄からは馬鹿にされ続けていました。決意を伝えると、「薬学部になんて受かるわけない」と笑われたのを覚えています。

私大の薬学部を目標にしたので、限定科目に絞って受験勉強に取り組みました。英語、化学、生物、数学の各先生は特にかわいがってくださり、取るに足りない質問にも丁寧に答えてもらいました。私の無謀な選択に、真摯に向かい合ってくださったことに本当に感謝しています。

特に生物の先生は、入試の直前まで面倒をみてくださいました。おかげで、何とか薬学部に入学することができました。合格の報告を先に述べたご夫婦にお話をすると、とても喜んでくれました。

薬学部に入学してからは、片道2時間半の通学を、実習期間を除く5年半続けました。退職した父が、1校時が試験の時は大学まで車で送ってくれたのです。最寄りのバス停まで送ってくれたのも両親でした。通学できたのは両親の協力のおかげだと思います。

大学時代も高校時代と同様に、多くの教授に可愛がっていただきました。今でも一緒に仕事の協力をするほどで、とても充実した大学生活でした。

6年間単位を落とさず、無事に卒業試験も突破しましたが、薬剤師国家試験は不合格だったのです。

チャンスの神様を逃さない

人生が変わるターニングポイントの1つは、小学校6年生の時に出会ったご夫婦との出会いです。薬剤師の道に進もうと決め、人としてのロールモデルを示してもらったことは大きかったと思います。

2つ目は、大学卒業の6年生で受けた薬剤師国家試験に落ちたことです。今までに味わったことのない苦悩と挫折で、人生の中での大きな出来事です。新卒で入社した調剤薬局で半年間調剤事務をし、その後休職して半年間予備校に通い、翌年の薬剤師国家試験で無事に合格をすることができました。

薬剤師として仕事に復帰してからも辛い日々でした。先に受かっている同期に早く追いつけと言われましたが、1年間のブランクは自分にとって大きく感じたのです。同期に追いつくことはできなくても、好きなことを資格にしてみようと探している時に出会ったのが「薬膳」でした。

小さい頃から、祖母や親戚の叔母に料理の知恵をいろいろ教わっていたので、薬膳が不思議と馴染みました。「薬膳なら漢方の勉強が出来る！　これは強みになる」と思いました。というのも、漢方がわかる薬剤師は少ないのが現状です。漢方ができるようになるとこれから重宝されると思い、行動に移しました。

まずは、本草薬膳学院にて中医学（中国伝統医薬学）から勉強を始め、薬膳の基礎を徹底的に学びました。猛勉強をし、国際薬膳師・国際薬膳調理師を1年で取得することができたのです。

その後、日本国際薬膳師会の理事のお話をいただき、理事に就任。また、最初に勤めていた調剤薬局で、パワハラやセクハラに悩まされていたところ、「今後、薬膳をしていきたいから」と言ってくださる方からオファーをいただき、転職を決意しました。

3つ目は、転職先での出来事です。そこの会社関係者から、「漢方やサプリメントを販売していきたいので、知恵を貸して欲しい」とお声がかかったのです。会社関係者の紹介先で、漢方・中医学の優れた知識を持っている先生を紹介していただき、ますます漢方の知識が深まりました。今後多くの方に伝えていきたいという気持ちが強くなりました。

ターニングポイントでは、必ず手を差し伸べてくれる方がいます。人との出会いを大切にし、自分から動く行動力を持つこと、そして強いチャレンジ精神があったからここまで来ることができたと思います。きっかけは、一言「一緒にやってみない？　一緒に何か初めてみようよ！」です。

「マッコ会議」の番組で、マッコさんと星野源さんのトークがあり、人生の転機はいつかという話をされていました。

「30歳前後で人生の転機があり、その時必ず誰かが手を差し伸ばしてくれる。その手を掴むか掴まないかで人生が変わる」

そして、お二人ともその手を掴んだと。

私は28歳で声がかかり転職し、漢方やサプリメントの話をいただきました。29歳で不動産会社を経営し、不動産資産もかなりお持ちの社長と出会い、自分の人生が一変していきました。今は、充実した日々を送っています。

挫折という経験が教えてくれた医療の本質

元々がすごく負けず嫌いで真面目性格なので、人から出来っこないと言われることや馬鹿にされることが大嫌いです。高校生の時の薬学部に行くと決めた時の、叔父と兄から馬鹿にされ笑われたことはすごい悔しくつらかったです。

6年間努力をして臨んだ国家試験でしたが、合格できませんでした。決まっていた会社に入社しましたが、半年間は事務職として働き、その後休職して予備校に通いました。同期入社の仲間から遅れること1年。国家試験に合格して、ようやく薬剤師としてのスタートを切れたのです。

先に受かっている薬剤師との差がある中で上層部から早く追いつくように言われ、なかなか出来ない自分にとても嫌気がしました。

また、研修期間中でしたので、様々な地域に飛ばされました。2回目に移った場所では、男性薬剤師からのセクハラやパワハラに悩まされたし、相談すると私の態度が問題なのだと言われました。女性の立場がすごく弱く、仕事を頑張っていると僻まれてしまうのだと感じました。頑張っていてもなかなか評価されない中で、何を頑張ればいいのかわからなくなりました。

転職後、仕事ができる人と評価してもらい、最初の2年はとても充実していましたが、だんだんそれが当たり前になると周囲の人から僻みや妬みを受けるようになりました。

その時に、「あなたが調剤薬局で働くのではなく、もっとあなたの知識や言葉を待っている人がいる、だからもっと活動して欲しい」と言われた一言で泣き崩れ、今までのことが全て吹っ切れました。これが調剤薬局を退職し、自分でやってみようと思った契機になりました。

薬剤師国家試験を落ちた時、自分がなぜ落ちたのか最初はわかりませんでした。回り道はしましたが、それなりに意味のあることだったと思います。人に寄り添い、向き合うことが医療の鉄則です。そして、人のことを考えるのが仕事です。そのためには、まず自分を強くすることがとても重要な仕事なのだと試験に受かってから気づきました。

試験に一度落ちたことで専門性を高めることができたのだから、同期との差なんて気にしない！　自分自身がどうなりたいかをモットーに行動しようと決めました。

勤めていた薬局の上司との関係が崩れ、頑張っていたにも関わらず、私が悪いと言われました。セクハラに悩まされていましたが、それでも上層部は私の態度が悪いと言い切りました。

その時、転職を考えました。「今の場所にこだわらなくても仕事はある、自分を犠牲にするのではなく、自分が幸せになることをしよう」と思い、その時お声がかかりました。

私は勉強ができるタイプではありません。なぜかテストの点数はダメダメでした。勉強しても結果が伴わない人間です。「頭の回転の速さはすごいのに、なぜテストの点数は取れないの？」と母親に怒られることがしばしばありました。

特に母親は教師をしていたので、「娘が勉強できなくて恥ずかしい」と思っていたかもしれません。「今の時代は勉強ができるよりも、世の中生きていけるための力、仕事の効率性が重要だ」とようやく言われるようになりました。「学力より、生きていく力」を実践していたのだと思います。

２０２０年12月22日、土の時代から風の時代に変わりました。土の時代は、権力者が実権を握り支配する時代でしたが、風の時代は一人一人が考えて行動する時代だと言われています。特に薬膳、漢方は中医学（中国伝統医薬学）を元に考えられるもので、陰陽五行からの教えです。

私自身、霊感が強いみたいです。霊が見える訳ではないですが、パワーが強く様々な物に感じやすい体質です。実際、調剤薬局で勤務していた時も、患者様の気を感じ取り、何を訴えたいのかを瞬時に判断できていました。言えば第６感が人より強いのでしょうか。

風の時代に変わった途端に息がしやすくなり、窮屈だった空気がすごく気持ち良くなりました。刺々しかった自分が、柔らかくなりました。刺々しくないと負けてしまうと思い込んでいたのかもしれません。今は独立をしたこともありますが、自分自身の気持ちをゆったりと保てるようになりました。

自分に素直になれば、人生が楽しくなる

サプリメント、漢方、薬膳を貫いているのは、今まで自分が学んできたことを伝えることが使命だと教えていただいたからです。もっとたくさんの方に自分の体を大事にしてほしいという思いがあり、伝えていきたい、助けられる人になりたいという気持ちから独立をしました。

まだまだ駆け出しですが、一歩を踏み出してみるととても楽しいです。何もかもが自己責任ですが、それでも今までできなかったことができる楽しさがあります。会社で勤めている時は、制限がありました。それは当たり前で、雇われている身なので仕方ありません。何かやりたくてうずうずしているのなら、行動に移すべきだと思います。私は、独立するにあたり、いろいろな準備をしました。

それは、会社員として調剤薬局で勤めていた時から、独立するまでにまず不動産投資を

して生活費を安定させようと考えていました。そのために動き回り、いろいろな人の話を聞きました。聞くだけではわからないので、自分でも勉強しましたがさっぱりです。

不動産投資を一から教えてくれた友人のおかげで、不動産投資に興味や関心を持ちました。そのご縁で、29歳の時にある不動産会社を経営されている方に出会いました。多くの示唆をいただくとともに、私生活でも大変お世話になっています。この方との出会いも、私に大きな影響を与えることになりました。

サプリメント・漢方事業も駆け出しです。ただ単に薬剤師が勧めるサプリメントではなく、本当に必要で大事なものを提供できるよう奮闘しています。これからはアンチエイジングと健康が一緒になりトータルビューティーの時代です。超高齢化社会の中で、毎日元気に動いて健康寿命を伸ばすことができるよう、サプリメント・漢方、薬膳はあるのだと思います。

私は自分で突破できる力なんてありません。しかし、助けてくれる方がたくさんいます。その方の力を借りて今があります。これからも、一人ではなくたくさんの力をお借りして、自分の人生を楽しくしていきたいです。

「自分はダメだ」と思わず、「素直にありがとうございます」「申し訳ありませんでした」

と言えることが大事だと思います。私自身もまだまだ素直じゃないですし、怒られっぱなしですが、それでも感謝の気持ちは忘れたことはありません。お金で解決はできますが、そこから先の縁は繋げないので、必ず気持ちを大事にしています。

自分がやりたいことに足を引っ張る人も出てきます。そこは無視です。なぜなら他人なのですから。自分がどうなりたいか、どんな人生を歩みたいかを考えて行動するべきだと思います。

独立した時に言われた言葉があります。

「もっと、自分自身を好きになりなさい」

「謙遜も大事だけど、素直にすごいと言われたら受け止めなさい」

なかなか恥ずかしくてできないのが現実です。でも、否定してしまうと相手側がもう一度褒める労力が必要です。

自分にもっと素直になろうと思いました。そうするともっと楽しいのではないかと思います。突破する方法は、意外に自分自身の心だったりするかもしれません。伝えるために書いている文章が、自分の心に今、響いています。

全ては行動！　行動した先に、成功するための環境や場所があります。女性だから、結婚して子どもがいるから、「パートナーや旦那様の許可がいるから。」という言葉を耳にします。私は「〜だから」は全て言い訳だと思っています。

私たちは、必ず死を迎えます。生まれた時に定まった運命です。人生1度きりです。自分のやりたいことをやるべきだと思います。そのためには必死に行動をするべきです。自分から動かない限りチャンスは来ませんし、手を差し伸べてくれる方もいません。行動するからこそ、助けてくれてやりたいことができます。

もちろん、詐欺にあい、お金が無くなるかもしれません。でも死ぬことではないので、バイトでもして生活費を稼ぐことができます。

サプリメントや漢方の仕事をしていると、余命宣告された方からも相談されます。「なんとかして少しでも長く生きたい。生きていれば、自分のやりたいことができる。」という思いが、その人を強くします。

今、少しでもやりたいことが見つかっている方は、行動に移さないのはすごくもったいないと思います。世間の目は厳しいかもしれませんが、死ぬ前に後悔するより、いろいろなことに挑戦できて幸せだったなと思いながら死ねたらと思います。

チャレンジできる環境にある方は、必ずお世話になっている方への感謝を常日頃から大事にしてください。私もまだまだですが、幸せだと感じながらお世話になっている方への感謝は忘れないようにしています。そこからまた新たな経験ができるのだと。
失敗してもそれも人生。全ては自分を強くするため、行動に移すための試練だと思います。ぜひ、行動に移してみて新たな自分の発見を楽しんで欲しいと思います。

塚田真帆さんのInstagramからのお問い合わせはコチラ ——

あなたへ贈るメッセージ

失敗してもそれも人生。
全ては自分を強くするため、
行動に移すための試練。

18年間受け続けたDV・モラハラ・児童虐待から救ってくれた「農業」というシゴト

農業
南阿蘇MIYABIO株式会社
代表取締役
三木亜紀

1976年生まれ。24歳のときに結婚したパートナーから18年間DV、モラルハラスメント、子どもへの児童虐待を経験。その間に「農業」と出会い、個人事業主として農業を始める。農業者人口が急速に減少していることから地元新聞社と連携し、親子で参加できる農業体験や料理教室などを開催。旦那と離れたことを機に、現在は熊本県に移住し会社を経営している。

夢だった結婚生活は悪夢の始まり

幼いころから夢に向かって進み、一点集中型の行動をしてきました。結婚が決まり、夢だったウエディングドレスも自作。すべてが順調に進んでいると思っていたし、すべてが自分のわがままの上に成り立っていました。

しかし、私はまだ若く、愚かでした。反省すべき点が山ほどあります。

「24歳で結婚する」

昔、占い師にそう言われたことがあります。その当時付き合っていた彼を占いましたが、その人ではありませんでした。結局、好きだった人とは、真っ直ぐすぎる気持ちが重いと言われて別れてしまいました。まだ10代だった私は辛くて憔悴しました。

そんな時、知り合ったのが主人です。よくしゃべる人で、落ち込んでいた私にとっては、スーッと心の隙間を埋めてくれる存在でした。

その時、24歳。「運命の結婚の時期が来た!」そう思って、占い通り結婚しました。愛していた？　その時はそう思っていた？　人生をデザインして生きていたので、思ったようにならないのが嫌だったのです。

その後、真っ直ぐすぎる私は間違いを犯しました。自らの間違いで、その全てがガタガタと音を立てて崩れました。すべて自分が悪いのです。人生の底辺、心と身体の限界を経験させられ、我慢を続けました。

親には迷惑かけたくありませんでしたし、これ以上心配かけたくなかったので、誰にも言えませんでした。何をされても何を言われても、自分が我慢すべきだと勘違いしていたのです。

ＤＶ（ドメスティックバイオレンス）・モラルハラスメント。これは家庭内で隠蔽されてしまいます。自分がこれらを受けていると自覚出来ていない洗脳状態に陥ってしまうからです。

自分という人間の人格を全否定され、馬鹿にされ、お前なんかと言われる。私は謝ってもらったことなんて、18年間の生活の中で一度たりともありません。話し合いも、お互いの言い分を言いあったことも一度たりともない。言うこと言われたことを聞くのが常。そんな生活を続けていたら、いつの間にか自分で判断出来なくなっていました。

きっかけは私のせいです。誰にも相談できず、自分の中でずっと隠蔽してきました。そこから仮面を被らざるを得なくなってしまったのです。外では元気を装い、家庭内では自分を保つのが精一杯でした。

そんな私を救ってくれたのが農業との出会いでした。ＴＯＫＩＯのＤＡＳＨ村、そこが原点です。毎週欠かさず見ていて、なんだかとても楽しそう。やってみたいと興味を持ったのがきっかけです。近所で草むらになっていた田んぼを借り、畑の開墾をして始めた家庭菜園。家でのストレスを忘れるくらい没頭できて、畑に居る時は気持ちが安らぎました。畑仕事をしていると、近所ではよく頑張る嫁さんだとみんなから言われました。

個人事業主として農業を始めるのに時間はかかりませんでした。ゼロスタート。何もないところから、偶然にもハウスを解体すれば持っていっていいという声。偶然は必然だったと思います。農業の神様からのプレゼントだったのかな？　私はそこから、飛ぶ鳥落とす勢いの人がいると農協で囁かれるまでになりました。ママ友のパートさんから始まり、友達繋がりで人手を確保しました。

こんな中、私を頼ってきた新規就農者。「助けてください」と言う言葉に、何とかしてあげなければと人助けをするつもりでした。そもそも困った人を放っておけない性格だったので、手を差し伸べました。そこからその後、私の人生を大きく変える存在になるとは、その時は微塵も思っていませんでした。

青年との出会いで、動き出した歯車

その後、その新規就農者で弟分のような存在になった彼と、若手の農業者を集めて青年クラブを作ろうという話になりました。当初私は迷いました。発足人になるということは人の前に立つということです。家庭内での状況なんて知らない彼に言いました。

「私は表に出たらあかん人間なんや。」

こんなこと言われたら普通の人は？？？？？ってなりますよね。私は本当にそう思っていたのです。あまり人に会わずに社交的な場には出ずにいたほうがいいのだと。おかしいと感じた彼は、それにも構わず表に出るべき人だと諭すのです。

彼は裏方に回り、私を表の世界に引っ張り出してくれました。私が仕組んだことではなく、全て彼が私の為に仕立ててくれたこと。私の農業者として、男社会の中で立ち振る舞えるように敷いてくれたレール。家庭しか知らなかった私に、外と交わる為の場所を作ってくれたのです。

クラブを立ち上げ、私を初代女性会長にしてくれました。私の会長としての在り方、会の在り方、どのように動かしていくのか？　すべて話し合って決めていきました。二人で立ち上げ、運営し、二人三脚。初年度からしばらくは広報活動に追われる日々。講演会でのＰＲや公の場での広報活動も行いました。

地元を農業で盛り上げたい、農業者を増やしていきたい。更に私は母であるが故、食と密接に関わる農業の面白さや素晴らしさのことを、次世代を担う子ども達に感じてもらいたいと思い始めました。農業者になりたいと思う子どもが一人でも増えますようにと、食育にも取り組みました。

地元の子ども達にも積極的に関わっていきました。あの時の子ども達の笑顔は忘れられない、最高の思い出です。

現代の農業者人口が急速に減少していく中、どこでも担い手不足が問題です。日本全体で見ても、国が農業に莫大な補助金を投入してでも守らなければならない農業と食。しかしながら現実は子どもの頃の影響が一番強いのです。実体験をもって気づかせることが大切だと思っていたので、食育に力を入れました。地元新聞社と連携して親子を集め、農業体験と飲食店のシェフと連携し料理教室をしたりもしました。

今でもその時知り合った親子さんとの繋がりがあったり、その時の子どもさんが私のファンになってくれたり、農業がしたいと言ってくれていたりすることが本当に幸せで、この活動をやってよかったと思えることです。子ども達に私が全力で農業を楽しんでいる姿を見せていれば、自ずとその熱は伝わります。この伝達した熱がいつかまた誰かに伝える熱を持った人を育てていくのです。

子どもだけではなく、ママにも支援や心のフォローが必要です。私が実体験として農業を通じて感じてきたことを他のママにも感じてもらいたいと思い、実際に農場での作業に従事してもらうことや、企業と連携して繁忙期の人手不足対応として短時間就労をしてもらうなどもしていました。

また、地場産業である醤油メーカーとの連携で、醤油かすと醤油乳酸菌の土壌改良剤を使用した循環型農業の推進と加工用ネギの栽培をクラブのメンバーで行いました。

ここまでこられたのは、全てが二人三脚でやってきたおかげです。全てのレールは用意されたもので、陰での支えがあったからこそ出来たことなのです。

虐げられた日々からの脱出 ―― 人生のリセット ――

会社設立を計画し、企業相手にさらに大きな仕事をするのだという気持ちになりました。もうここまで来たら家庭でのことなんて何も出てきませんよね。口出し出来ないレベルまで私を引き上げてくれていたのです。

主人から虐げられる生活からの解放が当初からの目標でした。これまで主人がサラリーマンであることで、経済的にずっと依存していました。依存を無くし、自立することで何があっても大丈夫なようにと。そんな中、現実にその時は来るべくして訪れました。

家庭の中は荒れていました。娘もまた被害者でした。躾の度を越える児童虐待、モラルハラスメント。娘の小さい心はズタズタでした。

さらには学校でも虐められました。娘の方が悪いと言わんばかりの対応をとる担任の言動、ママ友からも原因は娘にあるんじゃないか？と言われたこともあります。そこに行きつくまでの過程をすっ飛ばして、娘を責めた担任への信用も失墜しました。

学校に行かない娘。男子も担任も嫌い。自分を守るため、逃げるべき場所のはずの家でも、父親から受けるそれらのせいで、自分に自信の持てない自己肯定感の持てない子になってしまいました。

ある日それが爆発しました。父親に対して暴言の連呼、死ね。お前なんか父親じゃない。警察に捕まればえんや。ママもさっさと離婚してよ。娘は泣きながら大声で喚きました。父親が娘に手を出さないように止めるのが精いっぱいでした。義母もいたのに何もしてもらえず、私も表の顔と裏(家)の顔を使い分けることが出来なくなってしまいました。

それまでにも第三者に娘の話を聞いてもらったり、病院で心理の相談をしたりしてきました。娘はもう自殺するかパラレルワールドに飛ぶかしかなくて、意識がパラレルワールドに飛んで以降は、人を色で認識するようになってしまったというのです。車で走っていると車酔いが強く、道沿いの家で悪意の強い家(人)があると気分が悪くなると。これを話してくれたのは随分後になってからのことですが。

何も改善しようとしない父親は娘にとって害でしかありません。そして私にとっても、足枷でしかなかったと後になって気付きました。私も限界でした。娘を思うと早くなんとかしなければいけません。でも自分の親を思うと心配かけたくない…。助けて、助けて、助けて心でずっと叫んでいました。

それに気付いていたのでしょう。今がその時だと。全てを俺に任せて、子どもを連れて行け（逃げろ）、何も考えるな、子どもを守ることだけを考えろ。農業のこともパートさんのこともお世話になった人へのフォローも親へのフォローもクラブのこともママの支援活動のことも全て後処理し、逃がした責任は自分がとると。

私は真っ赤になり腫らした目のまま、子どもを連れて熊本行きの新幹線に飛び乗りました。その時はただ無我夢中で、子どもを守ることしか考えられませんでした。

支援団体を頼って熊本入りし、初めての場所に緊張と戸惑い、不安で毎日毎日、子どもの目を盗んで涙する日が数日続きました。親にも何も言わず、全ての人との連絡を絶ち、人生の全てをやり直す為に、心の鍛錬と自立の為の修行だと思って気持ちを保つことにしたのです。でもそんなの一人で出来るはずはなく、色々な人の支えがあったからだと思います。

一番は逃がして全てを引き受けてくれた私の分身。次に熊本で出会った熊本の父。もう農業は出来ないのかと思っていた時に紹介してもらい、また農業が出来るようになりました

そして、支援団体でも居場所を無くして「助けて」とSOSを出したとき、直ぐにそこを出なさいと言ってくれました。住む場所を探してくれて、住めるようになるまでは居候

までさせてくれました。

この時、地元に帰るか帰らないかの葛藤もありました。帰っても私の居場所はありません。一度全てを放棄して出た場所。私が今生きられるのはここしかない。子どもの為にも自立の道を突き進むしかない。どんなチャンスも逃すな。やれることは何でも挑戦しろ。ネガティブ志向になっている心を、大自然のパワーと熊本の父や周りの人に支えてもらいながら、泣き言もたくさん聞いてもらい、今を生きる力に変えてきました。

まだまだ思い残してきたことはたくさんあるし、出来ることならと思うこともあります。しかし悔やんでも仕方ないし、前を見ることでしか人生は進んでいかないものだと知っているから。ただ子どもにしたら、急に理由も伝えられず友達にも会えなくなって家にも帰ることも出来ずにいるわけです。それなのに、ママといたいと言ってくれて、子どもには不憫な思いやたくさんの我慢をさせてしまって申し訳なさで一杯です。時に心が潰されそうになります。


家を出てきてから3カ月が一番しんどい時期でした。生活費を稼がないといけないし、自分の精神力も弱かったので心も身体もズタボロでした。子どもの転校や住民票の移動や警察への相談、児相への相談、主人に対しての離婚協議の申し入れ、自立の為の事業計画書作りなどこの時期に一気に詰め込んだのでもうキャパオーバーでした。

生活費50万を持って出ましたが、残してきた支払いもあったし、日々の出ていくお金もあり、直ぐにお金は尽きました。人生生きていくためにはやはりお金が一番大事なのだと実感させられる毎日でした。

季節は夏から秋に変わる季節の変わり目。とりあえずの服しか持って出なかった私は、まさかここまで長期化させることになってしまうとは考えてもいませんでした。着るものもままならず、子どもの学用品もすべて置いてきてしまいました。一から揃えるなんて大変。事情を話し、先生方の支援や自治体からの支援物資などで子ども達も学校に通えるようになりました。

学校には徹底した個人情報の漏洩防止、子どもの身の安全策、いろいろ講じてもらいました。学校が嫌で行けなくなっていた娘の所にも、教頭先生がよく声掛けに来てくれました。心を閉ざしていた娘も少しずつ学校へ行けるようになりました。ここから中学生になって、また標的になるとは思いもせず。

娘はトラウマ、ＰＴＳＤ（心的外傷後ストレス障害）を抱えたまま成長を余儀なくされています。幼少期（幼稚園）から虐めにあい、家庭でも父親から暴力やモラハラ（モラルハラスメント）を受け、今でも時折フラッシュバックがおきてしまいます。自分でもセーブが出来ない状態になっている娘を、ただ心落ち着かせるように大丈夫、大丈夫と声をかけてやることしか出来ません。そこに自分自身への苛立ちや葛藤が芽生えます。

失った時間は戻らなくても、未来は変えられる

「苦労は苦労と考えない。」この苦労も試練も、与えられるべくして与えられていて、苦労も試練も乗り越えられる人間の下にしか来ないものなのです。乗り越えた人間にしかわからない世界があって、自分なら出来る、出来るから大丈夫、と自己暗示をかけることが大切です。

辛いときは一人で抱えず、相談できる人に話すこと。いないときは行政でも児相でも学校でも警察でも、相談出来るところはいくらでもあります。私も全ての悩みを一人の人に相談出来て、解決してきたわけではありません。

母親の精神状態は時に子どもに伝染するものです。イライラしていたら子どもも荒れます。子どもを一番に考え対応しているつもりでも、子どもは敏感です。毎日強い母でいることなんて出来ません。時に子どもがママに甘えるように、ママが子どもに甘えたってい

いのです。子どもだって、私が僕が何とかしてあげなければと思うようになります。娘は大人になったらママを助けないと、と言うものなのです。

長男の将来の夢は農家です。ＡＤＨＤ（注意欠陥多動障害）でもありますが、学校ではいい子でいて、家では時々だだっこになります。でもママの後を継ぐと言ってくれています。日々私のことを見ていて、私のことを将来の夢として発表してくれます。

次男は自衛官になりたいと言っています。人の為に働きたいという次男のことを誇りに思います。私は子どもがいるからこそ強くいなきゃと思うし、子どもの存在がすべての原動力です。

過去の私は常に誰かに認められたいと思っていました。だから無理もしてきましたし、断れずにいる自分もいました。でもね、それが正しいことばかりなら本当の善人か、ただの良い人だったと思います。人には表の顔と裏の顔、どんな人にも必ずあると思います。表の顔しか見せられない窮屈な人生より、全てをさらけ出して自分の弱いところを見せる覚悟を持つことが大事です。

過去を振り返り、自分のいけなかった所、良かったところ見つめ直して、これからはどんな人生を歩むべきか？　近い将来像ではなく10年先20年先を見据えて、これまでの人生、そこに関わった人はこれから進むべき道の礎となります。

すべての出来事は、私がこれから生きる道を進む為に起こったことです。人生半分折り返し地点。新たな転換期を迎え、これまでの経験を活かし、更に上を目指そうという気持ちを持って生きることが大切だと思っています。

私は過去を振り返らず、ただ前を向いていれば、必ず幸せが訪れると信じています。今なにをすべきかしっかりと前を見据え、今は事業拡張と新規事業展開を実現するための土台作りをしています。

あの日あの時、どんなに悔やんでもどんなに嘆いても失った時間は二度と戻りません。毎日涙して、打ちひしがれていた時を思えば涙することもほとんど無くなりました。母一人子三人、一人で背負うのはキツイと感じることもあるけれど、子どもには我慢させていることも多いけれど、何とかなるさ。これからも。

子どもは世話を焼き過ぎない方がいい。子どもだってストレス社会の中にいるし、時には甘えたいし、だだっこでもいい。うまく受けて、うまく流して、みんながストレスフリーな生き方が出来たらなと思います。

私はＤＶ（ドメスティックバイオレンス）の認識が甘かった。あなたはＤＶのポスターを見たことがありますか？　私も見たことがあるはずなのだけど、自覚していませんでした。DVから離れて初めて、自覚と認識をしました。

私と同じように家庭内で苦しんでいる人はいませんか？　どうしたらいいのだろうと悩んでいませんか？　すぐに警察でも役所でも必ず相談してください。全ての出来事を記録してください。証拠になります。家庭内隠蔽、洗脳、反抗、反論出来なくする口がそこにはあったのです。

自分の人生一度きり、あなたは今の生き方に満足していますか？　望んでいた人生ですか？　満足している、充実しているという人は果たしてどれだけいるでしょうか？　昔は良かった、帰れるものならあの時に帰りたいなんて現実逃避をする人もいるでしょう。そう、今そう感じているあなたに伝えたいことがあります。

私は人生のパートナーに恵まれませんでした。こんなはずじゃなかった。そう感じていました。でも気持ちを切り替えて、これまでの経験があったからこそ今の自分がいる。これからは自分のやりたいように前に突き進むだけ、自分が自分らしくあるために。輝き続けるために。一分一秒もくよくよしているのはもったいない。鏡見て!!しんどい時こそ口角上げて、意識して笑顔を作って欲しい。表情筋を鍛えて、明るい人生を歩んでいこうよ。

必ず報われる未来がそこにあるから。私は前に立って、辛い境遇から立ち上がるみんなの太陽になりたい。私には守るべきものがあります。自分の潜在能力を最大限発揮し、幸多き人生になりますように。

ここに共同出版される経営者の方々とはまた違った生き方をしているかもしれません。経営者としてもまだまだひよっこの新米社長です。

でも、何事もチャレンジしなければ物事は進みません。Ｗｉｔｈコロナの時代、変革をもたらす時代。この波に乗ったものだけが次の時代を生きられるのでは?と思っています。乗り切った時、私はあなたの支えになりたい。

三木亜紀さんのFacebookからのお問い合わせはコチラ――

あなたへ贈るメッセージ

過去を振り返らず、
ただ前を向いていれば、
必ず幸せは訪れる。

癌患者になったからこそ手に入れた自分らしい「幸せ」な生き方

トータルケアサロン経営
結生 代表　浅川啓子

1979年生まれ。短期大学卒業後、保育士として就職したものの、結婚・出産を機に退職し2人の子育てに専念。その後リンパドレナージュの資格を取得し、2013年にトータルボディサロン「kerapy」を開業。2020年8月に多発転移している肺癌が見つかりサロンを廃業するも、癌と闘いながら、2021年3月にトータルケアサロン「結生（ゆい）」を再び開業。

突然はじまった、逃げられない恐怖との闘い

2020年8月、私は1週間前に受けた検査結果を聞くために病院にいました。

Dr.「悪い物が見つかってしまいました。」

私「え？　悪い物？　悪い物って癌ですか？」

Dr.「そうです。」

「何となくずっと調子がよくないけれど、これが更年期？　娘が大学生になり遠くへ行ってしまった寂しさで胸が苦しいのかもしれない。」

40歳を迎えるタイミングで人間ドックを受けようと思っていました。しかし、息子の受験が終わったら行こう、娘の受験が終わったら、娘の引っ越しが終わったら…41歳になり、そして2020年4月、コロナ禍で病院へ行くことを躊躇してしまっていました。

「詳しい病状の説明は、私1人で聞きます。」と言うと、先生も看護師さんにも「ご家族も一緒の方がいいと思いますよ。」と言われました。

あれ？　早期発見じゃない。私はそんなによくない病状なの？　ふと不安がよぎりました。

主人が職場から病院に到着するまでの間、外のベンチに座っていました。とても暑い日だったのにまったく暑さを感じません。

先生から「大丈夫、何でもないですよ。」と言われて帰るつもりでいたので、まさかこんなことになるなんて予想もしていなかった…。でもまだ何となく他人事のような不思議な感覚でした。参ったなあ。どうしよう。それしか言葉が出てこない私に看護師さんは優しく寄り添ってくれました。

病院の結果をずっと心配してくれた友だちに連絡を入れると、すぐに電話をかけてきてくれました。友だちは泣いていました。「なんでけーちゃんが？」その声を聞いたら一気に恐怖と寂しさが襲いかかってきました。

そして、私、泣いてもいいんだ、痛い、つらい、助けてって言ってもいいんだって少しだけホッとしたのを覚えています。

先生からの説明は私の予測を遥かに超えた最悪なものでした。

もうおしまい？　私の人生はもう終わりなのかな。

小さい頃の私の成績表には、「消極的です。」という担任の先生からメッセージが常に書かれていました。そして泣き虫でした。

周りから見たら「いい子」だったと思います。自分がやりたいことよりも正しいこと、世間で良いと言われること、こうでなければいけない、こうあるべきことを何より優先してきました。泣いてはいけない。ずっと生きづらいと思っていました。


すでに肺癌でリンパや脳に転移していると分かってからの検査入院は、治療が始まればみんなに会えないまま私はいなくなってしまうかもしれないという強烈な孤独感と、そして何よりも明日の検査が怖いという恐怖心との闘いでした。

どうして私が？　タバコも吸わないし、食べ物も気をつけていたのに…。しかも今はコロナで大変な時期なのに…次から次へと涙が溢れてきます。

夜中、2時半になっても全然寝られません。少し病室から出て夜景を眺めに行こう。5階から見える夜景が綺麗なことは前回の入院の時に知っていました。そっと扉を開けて顔を出した、まさに同じタイミングで隣の部屋からもすっと女性が顔を出したのです。

「うわっ。すみません。」

2人同時に声を出し、ドラマのようなワンシーンに思わず笑ってしまいました。それから私のところに来て、一緒に夜景を眺めにきてくれたのです。

「どうしたの？」

「明日の検査が怖いんです。注射も大嫌いなのに。」

「私も注射大嫌いよ〜。でもね、人生は一度きり、痛いことも、苦しいことも何でも経験したらいいのよ。」

女性の首には手術後のテープが痛々しく貼ってありました。

「でもやっぱり手術は痛いんね。」そう言って笑う彼女の顔を見て、なんて強い人なのだろう。私も強くなりたい！　彼女と友だちになりたい！と思いました。

「また会えますか？」と聞いた私に「また会えるわよ。」そして、「あなたとっても良い笑顔だから大丈夫よ。」そう言って病室へ戻っていきました。

やるしかない！　覚悟ができた私は、病室へ戻ると、朝食の時間まで眠ることができたのです。もう少ししたら彼女に連絡先を書いたメモを渡しに行こうと準備していたのですが、急にレントゲン撮影に呼ばれてしまい、戻ってきた時には彼女はすでに退院してしまっていました。

行動を続ければ、人生の転機がやってくる

「やるしかない」そう思ってたくさんのことを今まで選択してきました。高校、短期大学と保育の勉強をしてきた私は、迷うことなく保育士の道を選びました。ずっと憧れていた職場に勤務できたものの、たった2年ほどで退職。そして結婚、出産、2人の子育てがスタートしました。

ある日、明日支払う保育料がないということが判明します。泣いてもお金は増えません。私はすぐに深夜12時から朝6時までのファミリーレストランでアルバイトを始めました。ちょうど息子の夜泣きがおさまったタイミングでした。昼間はできるだけ一緒にいてあげたい、そのためにはこの時間で働けることは都合がよく、迷いませんでした。アルバイト先は人間関係にも恵まれ、とても楽しい時間でした。

「こんな夜中まで遊んでいるなら、私と一緒に働いてくれないかなぁ?」なんて、注文を取りながら話した男の子たちは、今では東京ドームを観客でいっぱいにするようなアーティストに成長しました。そして抗がん剤治療の時、彼らの音楽が部屋に流れていたので

す。辛い時に彼らの音楽に何度も助けてもらいました。今でもレシートの裏にかいてもらったサインを大切に持ち歩いています。大好きなアーティストにアルバイト先で出会えたなんて、なんとラッキーだったことか。

その時は年齢的にも体力がありましたし、昼間の時間も家でゆっくりするのはもったいないなと思うようになり、夜中のアルバイトに加えて訪問介護の仕事を始めました。

そして、利用者の方が、「あなた絶対マッサージの仕事に向いているから勉強しておいで。」と学校まで調べてくれたのです。リンパドレナージュの資格は国家資格ではないので、数日の講習だけで費用もさほどかかりませんでした。友だちの誕生日プレゼントにできたらいいな。そんな気持ちからのスタートでした。

トータルボディーサロン「kerapy」は、２０１３年にオープンしました。サロン名は友達がつけてくれました。（ケイコのセラピーだからケラピーというちょっとふざけたネーミングです）集客方法は口コミのみで看板もありません。ですからサロンの屋号がkerapyであることを知っているお客様はほとんどいません。

できれば整体サロンだけに仕事を絞りたいと思っていた時に、会社を経営している方が私に問いかけてきました。

「けいちゃん、残り1万円しかないってわかったらどうする?」

(残り1万円かぁ、私なら何かを我慢して…)そんなことを考えていると、

「僕なら1万円分の材料を集めて1万円以上の価値のあるものを作るよ!」

「それと、技術料って自分の対価だからね、安値というのは自分の技術価値は安いですよって言っていることなんだよ。」

経営の勉強など一切していないし、知識もまったくありませんでしたが、私にはその言葉だけで充分でした。思い切ってこの仕事だけにしよう!

それから友達が職場の方を紹介してくれ、ひとり、ふたりと予約をいれてくれる方が増えていきました。そしてもっと良い施術ができるようになりたい! もっとお客様の想い、悩みに対応できる施術が増やせるようになりたいと考えて、仕事と子育ての合間で通える学校を探しました。気がつけば予約表はいつの間にかいっぱいで、多い時は1日に10人以上来ていただいた時もありました。


私が初めてリンパマッサージを体験したのは、出産後の産院でのサービスでした。とっても気持ちが良かったことを今でも覚えています。

しかし、主婦であり子育て中の私にはエステサロンに定期的に通うことは高額で贅沢な

ものでした。1年に1度行けるか行けないかのご褒美の場所ではなく、月に1度くらい、身体のメンテナンスで通いたくなるような、こんな所があれば私が通いたい！ こんな場所があったらいいなを詰め込んだ自慢のサロンでした。お客様が笑顔になって帰ってくださり、とてもやりがいのある仕事、ずっとこの仕事を続けていきたい… そう思っていました。

しかし、肺癌になってしまい、告知を受けてから3ヶ月後の2020年11月。サロンを閉めることにしました。全身が痛くて起き上がるのもやっとのことだったので、廃業するしかない。やはりここでも迷うことはありませんでした。体調の良い日をみて廃業手続きをしました。

この本にたどり着いている方は何かを始めてみたいけれど、一歩踏み出せないでいる方が多いかと思います。実際に私の所へ何人もの方が起業してみたいのだけれど、どうしたら良いかわからないんですと相談にきてくれました。

起業ってとても簡単なのです。職種によってクリアしなくてはいけない条件は違いますが、私の場合、やるぞ！と決めたらその日のうちにとりあえず市役所に電話しました。

「開業したいのですが、どうしたらよいですか？」と、やりたいことの内容を電話で伝えると、「税務署へ行ってください」ただそれだけです。ドキドキしながら税務署に行きましたが、「お小遣い帳つけたことありますか？　そんな感じのものを毎月書いておいてください。」確かこのような説明を少しと、書類を2枚書いただけ。提出して終わりです。「開業ってかんたーん！」そんな風に思ったのを覚えています。

そして廃業はもっと簡単でした。あんなに頑張っていたのに、5分もかからず手続きは終わりました。あっけないな。帰り道、そんな風に思いました。

私が起業してみて何が1番必要かと聞かれたら、わからないことを恥ずかしいと思わないで自分で調べ、誰かに聞ける行動力ではないかと思います。

1日1日を、大切に生きる

治療が始まってからは、毎日毎日、自分が頑張れる言葉探しです。そして、自分探しです。

私の好きなことってなんだろう…。一日中横になってテレビを観たり、携帯電話のSNSを覗いたり…。それでも朝起きた瞬間から夢の中まで、自分は病気になってしまったんだということがずっと頭から離れません。この言葉いいな。というものを見つけることはたくさんできましたが、時々同じ病気の方が亡くなったというニュースを見つけてしまい、さらに落ち込むこともありました。

見なければ、知らなければよかった。知りたくなかった。そんなこと気にしちゃだめだよ、わかっているけれど、そんなことを気にしてしまう自分が辛く許せないのです。

「7割元気なら感謝して生きよう」これも友だちが教えてくれた言葉です。今の私には7割はハードルが高すぎる、6割、いやそこまで元気になれない。自分を責めてしまう。5割に設定しておこう。

少しずつ自分の取り扱い方がわかってきました。今まで頑張れ！　まだまだできる！私なら大丈夫！って無理をさせてしまったね。ごめんね。そう思ってそして自分で自分をさすってあげました。すると、すっと楽になれたのです。

そして、SNSを見ていて、あれ？　これ全部私に当てはまっているかもしれない。という投稿を見つけました。『HSP』という生まれながらに持つ気質です。

視覚や聴覚などの感覚が敏感で非常に感受性が豊か。5人に1人がこの『HSP』であると考えられるそうです。そしてその中に『HSS』という、外の世界に好奇心があり、新しい情報を求めて積極的に外出するものの、その外で受ける刺激に対して敏感になり打たれ弱く、傷つきやすい人のことを言います。私はこの『ＨＳＰのＨＳＳ型』に当てはまるのです。

ずっと自分の性格が嫌でした。そしてこんな私に育てた両親のせいだと思う時もありました。私は病気になり、自分探しの中で誰のせいでもなかったんだと知ることができました。自分のせいでもなかった。そして同じように生きづらいと思っている人がたくさんいて、私ひとりではないと知ることができたのです。

２０２０年11月には少しずつ起き上がり、外に出かける自信もついてきた私に、同級生が高級なウナギをごちそうしてくれました。その時に、こういう贅沢な食事を子どもたちに食べさせてあげたいって思うのではなく、子どもたちが自分の力で食べられるように育ててあげるのが親の役割だと思うよ…そんなことを話してくれたのです。

私は子どもたちに食べさせてあげたいなって、親ってそういうものだと思っていました。今まで子どもたちのため、と、子どものことを中心に、それが当たり前でそうするべきだと考えていました。病気になってからも来月の息子の誕生日までは生きたい！　娘の成人式の前撮りまでは…息子の部活動が終わるまでは…。

あれ？　それって子どもたちに頼まれたこと？

子どもたちが望んでいること？

違う、ちがう。全部、ぜーんぶ、私が自分で決めたことだ。

検診に行かなかったのも、子どものせいに自分でして後回しに、いろいろなことを全部背負って、動かなければいけないことを旦那のせいにしていたのは私自身だ。癌になって死を身近に考えてもまだ同じことを繰り返そうとしているのか？　私は…。

私は自分のやりたいことを今やろう！　今やらないでいつやるの⁉ずっと癌に怯えて最後を迎える人生でいいの？　肺癌でステージが高くても、癌と共に元気に生きている！そして誰かの希望になりたい！

どんな形で知ってもらう？　私は、癌患者の方が出している本やブログは怖くて見ることができませんでした。辛い闘病記録や治療方法が違うことに、落ち込んでしまいたくなかったからです。誰かが癌でも元気な人がいるよ！と教えてくれるのが1番嬉しかったのです。私が思うベストに近い方法は何か。そんなことを考えることで頭がいっぱいになりました。

私はいつの間にか不安が消えて、病気であるということを忘れている時間があることに気がつきます。そして、今までで1番健康なんじゃないかな？と気がつきました。

明日死ぬとしたら、幸せだったと言えますか？

今すぐ起業して動き出そう！　そう思ったまさにその日です。病院の待ち時間に何気なく見ていたSNSでこの本の募集投稿を見つけたのです。これだ!!　よし、送信しよう！　あれ？　送信できない。私は機械が得意ではありません。でも、私ができるあらゆる手段を駆使して、絶対チャレンジしてみようと思いました。なんとしても応募してみせる！

時間が経つのも忘れて、夢中で自分の想いを打ち込みました。でも、私ができるあらゆる手段を

そして、一次審査の合格を娘に話すと、「騙されているんじゃない？？」と言われました。そんなことはもちろん思いました。

でも、迷いませんでした。こんなに自分の未来が明るく想像できて、前向きに考えられる。まさにそれは私が病気になってから1番欲しかった明日の希望です！

それって薬以上の治療効果があるんです。騙されてもいいや。そんな気持ちでした。今もう1度よく考えたら廃業してしまっていたし、募集条件を満たしてない部分もありました。よく考えてしまっていたら、チャレンジしていなかったかもしれません。

でもRashisa出版は私にチャンスをプレゼントしてくれました。そして、この企画に背中を押してもらい、2021年3月31日にトータルケアSalon結生（ゆい）を立ち上げました。ご縁を結んで一緒に生きましょう。娘と息子の名前から一字ずつもらいました。

今までのボディーメンテナンスメニューに加え、どんな悩みにも大丈夫ですよ、と寄り添えて、背中をそっとさすってあげられる場所を作りたい。実際私は病気がわかりわんわん泣いたのは家族の前ではなくて、近所のかかりつけの先生の前でした。家族の前で落ち込んじゃいけない、そんな気持ちに無意識になってしまったんだと思います。怖いー！と泣きじゃくる私に、「大丈夫！　少し落ち込んだら絶対頑張ろうって気持ちになれるから。」と優しく背中をさすってくださいました。ありのままの自分になれるところ、そんな場所を作りたいです。そして、私の仲間や、同じように病気を抱えている方が、みんな夢を叶えやすい場を作りたいです。

死の間際に人間は、今までの自分の人生をしっかり振り返るのだそうです。その時に思う後悔には同じものがとても多く、

「自分自身に忠実に生きれば良かった」

「他人に望まれるようにではなく、自分らしく生きれば良かった」
という後悔が多いそうです。
達成出来なかった夢がたくさんあったことに気がつき、ああしておけば良かったという
ことに強く無念を感じるようです。
今の私は死が近づいても無念を感じることはないでしょう。それってとても幸せな楽し
い人生だったってことですよね。人間は前に進もうとする気持ちと、今の状況を変わりた
くない気持ちを持っています。ブレーキとアクセルを両方踏んでいる感じです。
何かのせいにしていませんか？　成功しなければいけないと思っていませんか？　考え
れば考えるほど迷ってしまうし、立ち止まっていると色々な情報が入ってきて前に進むこ
とを邪魔してきます。思い切ってブレーキを外してあげると前に進めますよ。
明日を約束されている人は誰もいません。癌患者の私も、あなたも同じです。もちろん
その場所に居続けても間違いではありません。人生思ってるより全然短くあっという間で
す。今この気持ちで生きていること、これから生きていけることは今まで私と関わってく
れた人や出来事、辛かったことや悲しかったことも、癌になったこともすべてに感謝して
います。
啓子なら大丈夫！　あんたは特別だよ！　治るよ！　そう言ってくれた友だちがいます。

繊細さんの私だからだめなんだよとずっと弱気でいましたが、今の私なら大丈夫だ！以前よりずっとよい施術ができると自信を持って言えます。とても穏やかな気持ちで幸せです。

これを読んでくださったあなたのブレーキが少し緩んでくれて、目の前にあるチャンスを掴むお手伝いができたらいいな。私は、泣きたい時は泣いていい、私らしく生きる。

そしていつか、あの日、私に力をくれた彼女に、ありがとうの気持ちが伝わりますように。


浅川啓子さんのInstagramからのお問い合わせはコチラ ――――

おわりに

本書を最後までお読みくださりありがとうございました。

著者全員に共通していたことはあるきっかけから人生や自分と向き合い、大きな決断をしたところから新しい人生が始まっています。

「人生は一度きり」

だからこそ自分自身を犠牲にするばかりではなく、自分の気持ちや感情を大切にすること。そして、やりたいことがあるなら周りの目を気にするのではなく、自分の意志をしっかり伝えてみてください。

あなたの人生はあなただけのものです。周りに振り回される人生ではなく、あなたの意志で決め、あなたの足で一歩踏み出してみてください。

その一歩が大きくても小さくても構いません。大切なのは後ろを振り向かずに前に進み出すことです。普段なら絶対にしない一歩を踏み出すことで新しい人生の歯車が動き始めます。

本書をきっかけに誰にも振り回されない輝く女性になるための一歩を踏み出してもらえることが20名の著者の願いです。

夢は想像だけで終わらせない。

「未来」は自分で創るもの。

Rashisa出版編集部

誰にも振り回されない
輝く女性になれる20の生き方

2021年11月12日 初版第1刷発行

著者　Rashisa出版(編)

奥澤友紀/平野裕子/錦織美咲/繁田真心/田口久美子
小島るみ子/林ゆうこ/松田亜矢香/奥井麻結/安倍美緒
山代佳子/胡蝶かおり/中村まき/Yuring/丸山真理
重利純子/安井フローレンス愛歌/塚田真帆
三木亜紀/浅川啓子

発行者　Greenman
編集　Greenman
ライター　濱彩
表紙カバー　三森健太
本文デザイン　三森健太

発行所　Rashisa出版 (Team Power Creators株式会社内)
〒558-0013 大阪府大阪市住吉区我孫子東2-10-9-4F
TEL：080-5330-1799

発売　株式会社メディアパル (共同出版者・流通責任者)
〒162-8710 東京都新宿区東五軒町6-24
TEL：03-5261-1171

印刷・製本所　株式会社堀内印刷所

ISBNコード:978-4-8021-3291-6　Cコード:C0034